JN113416

新課程対応版

高卒認定
ワークブック
科学と
人間生活

編集・制作：J-出版編集部

出版

もくじ

高卒認定試験の概要

▎高等学校卒業程度認定試験とは？

　高等学校卒業程度認定試験（以下、「高卒認定試験」といいます）は、高等学校を卒業していないなどのために、大学や専門学校などの受験資格がない方に対して、高等学校卒業者と同等以上の学力があるかどうかを認定する試験です。合格者には大学・短大・専門学校などの受験資格が与えられるだけでなく、高等学校卒業者と同等以上の学力がある者として認定され、就職や転職、資格試験などに広く活用することができます。なお、受験資格があるのは、大学入学資格がなく、受験年度末の3月31日までに満16歳以上になる方です（現在、高等学校等に在籍している方も受験可能です）。

▎試験日

　高卒認定試験は、例年8月と11月の年2回実施されます。第1回試験は8月初旬に、第2回試験は11月初旬に行われています。この場合、受験案内の配布開始は、第1回試験については4月頃、第2回試験については7月頃となっています。

▎試験科目と合格要件

　高卒認定試験に合格するには、各教科の必修の科目に合格し、合格要件を満たす必要があります。合格に必要な科目数は、「理科」の科目選択のしかたによって8科目あるいは9科目となります。

教　科	試験科目	科目数	合格要件
国語	国語	1	必修
地理歴史	地理	1	必修
	歴史	1	必修
公民	公共	1	必修
数学	数学	1	必修
理科	科学と人間生活	2または3	以下の①、②のいずれかが必修 ①「科学と人間生活」の1科目および「基礎」を付した科目のうち1科目（合計2科目） ②「基礎」を付した科目のうち3科目（合計3科目）
	物理基礎		
	化学基礎		
	生物基礎		
	地学基礎		
外国語	英語	1	必修

※このページの内容は、令和5年度の受験案内を基に作成しています。最新の情報については、受験年度の受験案内または文部科学省のホームページを確認してください。

本書の特長と使い方

　本書は、高卒認定試験合格のために必要な学習内容をまとめた参考書兼問題集です。高卒認定試験の合格ラインは、いずれの試験科目も40点程度とされています。本書では、この合格ラインを突破するために、「重要事項」「基礎問題」「レベルアップ問題」というかたちで段階的な学習方式を採用し、効率的に学習内容を身に付けられるようにつくられています。以下の3つの項目の説明を読み、また次のページの**「学習のポイント」**にも目を通したうえで学習をはじめてください。

▌重要事項

　高卒認定試験の試験範囲および過去の試験の出題内容と出題傾向に基づいて、合格のために必要とされる学習内容を単元別に整理してまとめています。まずは、この「重要事項」で「例題」に取り組みながら基本的な内容を学習（確認・整理・理解・記憶）しましょう。その後は、「基礎問題」や「レベルアップ問題」で問題演習に取り組んだり、のちのちに過去問演習にチャレンジしたりしたあとの復習や疑問の解決に活用してください。

▌基礎問題

　「重要事項」の内容を理解あるいは暗記できているかどうかを確認するための問題です。この「基礎問題」で問われるのは、各単元の学習内容のなかでまず押さえておきたい基本的な内容ですので、できるだけ全問正解をめざしましょう。「基礎問題」の解答は、問題ページの下部に掲載しています。「基礎問題」のなかでわからない問題や間違えてしまった問題があれば、必ず「重要事項」に戻って確認するようにしてください。

▌レベルアップ問題

　「基礎問題」よりも難易度の高い、実戦力を養うための問題です。ここでは高卒認定試験で実際に出題された過去問、過去問を一部改題した問題、あるいは過去問の類似問題を出題しています。「レベルアップ問題」の解答・解説については、問題の最終ページの次のページから掲載しています。

　表記について 〈高認 R. 1-2〉＝ 令和元年度第2回試験で出題

　　　　　　　〈高認 H. 30-1 改〉＝ 平成30年度第1回試験で出題された問題を改題

学習のポイント

　高等学校における学習指導要領の変更に伴い、高卒認定試験の「科学と人間生活」にも一部出題範囲の変更がありました。令和5年度試験までの出題範囲とほとんどは重複していますが、一部範囲から外れ、新たに加わった範囲があります。試験を受ける上で大きな影響はありませんが、本書を用いて最新の試験範囲を把握し、確実な高卒認定合格を掴み取ってください。

▍科学と人間生活にはAとBがあり、いずれかを受験

　本書の章立ては、第1章から第4章までの4つの章で構成されており、さらに各章はAとBに分れ、各々1項から3項までの3つに分かれています。

　学習は、第1章のAまたはB、第2章のAまたはB、第3章のAまたはB、第4章のAまたはBのいずれかを学習してください。各章をA範囲またはB範囲と決めて学習して頂いても良いですし、章ごとにAまたはBと選び学習頂くこともできます。

▍学びやすい章から学習しましょう

　科学と人間生活は「物理」「化学」「生物」「地学」の全般の学習となりますが、日常生活にかかわる学習内容となっていますので、学習しやすい章から着手するようにしてください。第1章を飛ばし、第4章から学習して頂き、次は第2章の学習というように、学習の順序は気にせず、学びやすい章から押さえてください。

　また、多くの過去問題に触れることも大切です。本書のレベルアップ問題を活用するとともに、弊社刊行の「スーパー実戦過去問題集」もご活用頂き、レベルアップと確実な合格を目指してください。

▍「関連用語」と「参考」マークについて

関 連 用 語

　その単元の内容や項目に関連する用語をまとめています。赤字部分だけでなく、この関連用語も併せて覚えるようにしましょう。

📖 参　考

　その単元の内容や項目に関するトピックを補足事項として取り上げています。頻出事項ではありませんので、余裕があれば目を通しておきましょう。

第1章
光や熱の科学

A-1 光の波としての分類

波としての光は、その波長によりスペクトルをあらわします。それらの分類や波長の特徴を確認しましょう。また、物体の色の見え方についても押さえるようにしましょう。

Hop｜重要事項

いろいろな光

光とは電磁波とよばれる空間を伝わっていく波のひとつで、人間の目を刺激して明るさを感じる可視光のことをいいます。

太陽光や白熱電球、蛍光灯、発光ダイオード、放電管などの光源から光が出る

スペクトル

光源の太陽光（白色光）をプリズム（**分光器**）に通すとあらわれる、虹のような連続した光の色の帯を**スペクトル**といいます。これは入射した光の成分の波長によって、**屈折率**が異なるため、光が**分散**されることによりあらわれる現象です。

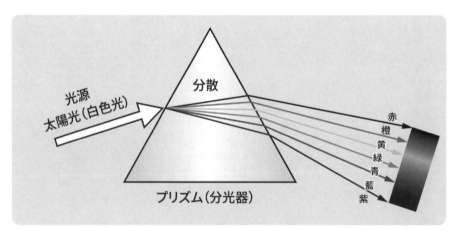

光源とはそれ自体が光を発しているものであり、プリズムなどの分光器を利用すると光のスペクトルが得られます。なお、さまざまな波長の光を含む白色光に対して、ある一つの波長だけの光を**単色光**といいます。

波としての光

　太陽光のスペクトルを7色に分けて並べると、**赤、橙、黄、緑、青、藍、紫**の順になります。このことは光が波としての性質をもつことと関係しており、その波を特徴づけるのは波の一つ分の長さを示す**波長**にあります。

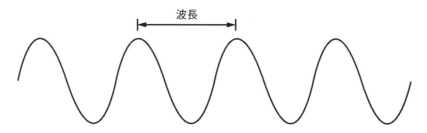

波長

参　考
◉ 光は水面を伝わる波や空気中を伝わる音のような波の性質をもっている
◉ 波は波源で生じた振動が周囲に次々と伝わる現象
◉ 1nm（ナノメートル）＝ 10^{-9}m

スペクトルと波長の関係

　人の目に見える光のことを**可視光線**といいます。可視光線の波長は非常に短く（約380 ～ 770nm)、この範囲で異なる波長の光を見ると、人の目で見ることのできる色に変わってきます。

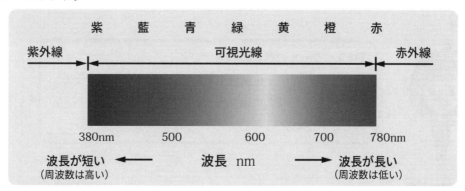

　プリズムを通した白色光は波長の長さの順に分かれて並んでおり、波長の短い順に**紫・藍・青・緑・黄・橙・赤**となります。

◉ 波長と周波数
　波長とは、波の周期の長さで、山と山または谷と谷の間幅の長さをいい、周波数とは、1秒間における波の数をいい、ヘルツ（Hz）で表す。
　波長と周波数は、波長が長いほど周波数は低く、波長が短いほど周波数は高くなる。

スペクトルによる分類

スペクトルは、連続スペクトルと線スペクトルの2つがあります。

① 連続スペクトル
さまざまな波長の光を含んでいて、その波長が広い範囲で連続的に分布（太陽光・白熱電球など）

② 線スペクトル
スペクトルのところどころに元素に固有の明るい線（輝線(きせん)）が見られる（ネオン管・水銀灯など）

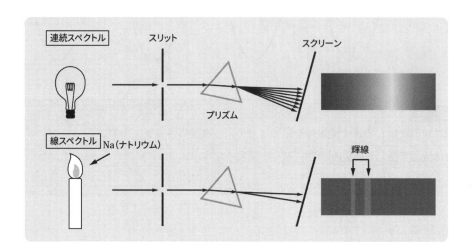

線スペクトルは、元素ごとに輝線の現れる位置と色が異なることから、スペクトルを調べることで物質を特定することができます。これを**分光分析**といいます。

【線スペクトルの例】
・ナトリウム灯 …… 黄色1本の線スペクトルしか見えない
・水銀灯 …… 複数の線スペクトルが見える
などがあります！

参　考

ナトリウム灯・水銀灯・ネオン灯などは、放電管内で気体に放電させることによって発光する照明器具である。ナトリウム灯は高速道路のトンネル照明などによく使われている。

波長と色

物体の色の見え方

光源からくる光は、その波長ごとに色が異なっています。白色光で照らされた物体の色は、物体から目に届く**光の色**によって決まります。

《 人の目に届く光 》

◉ 透過光 …… 物体を透過して目に届く光

◉ 反射光 …… 物体に反射されて目に届く光

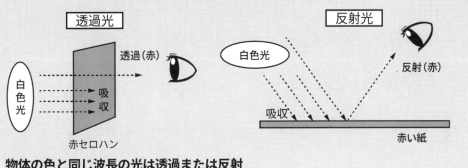

物体の色と同じ波長の光は透過または反射

物体の色以外の波長の光は吸収

光の3原色

赤（**R**ed）・緑（**G**reen）・青（**B**lue）を光の3原色といいます。この3色は **RGB カラー**とも呼ばれています。

◉ 光の3原色を均等に重ね合わせると**白色**になる

◉ 光の3原色を適切な割合で重ね合わせると、あらゆる色を再現できる
　 RGB カラーの例 …… 舞台照明・テレビ・パソコンのモニターなど

📖 **参　考**

テレビの画面を拡大して見ると、赤・緑・青の3色しか見えない。しかし、離れた場所から画面を見ると、近接した異なる色が混ざって1つの色が見える。テレビ画面はこうしていろいろな色を見せている。

Step｜基礎問題

■ 各問の空欄に当てはまる語句を答えなさい。

問1　太陽や白熱電球のように、みずから光を放つものを（　　　　）という。

問2　太陽光をプリズムに通すと現れる虹のような連続した光の色の帯を（　　　　）という。

問3　（　　　　）色光には、いろいろな色の光が含まれている。

問4　光の波の一つ分の長さを（　　　　）という。

問5　人の目に見える光のことを（　　　　）という。

問6　プリズムを通した白色光は（　　　　）の長さの順に分かれて並んでいる。

問7　紫色の光は藍色の光より波長が（　　　　）。

問8　赤色の光は紫色の光より波長が（　　　　）。

問9　スペクトルの所々に元素に固有の明るい線が見られるものは（　　　　）スペクトルである。

問10　太陽光や白熱電球等に見られるのは（　　　　）スペクトルである。

🔍 **解答**

問1：光源　問2：スペクトル　問3：白　問4：波長　問5：可視光線　問6：波長

問7：短い　問8：長い　問9：線　問10：連続

問 11 ネオン管や水銀灯等に見られるのは（　　　　）スペクトルである。

問 12 線スペクトルを調べることで関係する物質を特定することを（　　　　）という。

問 13 （　　　　）の光は黄色 1 本の線スペクトルしか見えない。

問 14 水銀灯の光は複数の（　　　　）が見える。

問 15 白色光で照らされた物体の色は、物体から目に届く（　　　　）によって決まる。

問 16 物体を透過して目に届く光を（　　　　）という。

問 17 物体に反射されて目に届く光を（　　　　）という。

問 18 赤（R）、緑（G）、青（B）を光の（　　　　）という。

解答

問11：線　問12：分光分析　問13：ナトリウム灯　問14：線スペクトル　問15：光の色
問16：透過光　問17：反射光　問18：3原色

■ 次の各問いを読み、問1〜5に答えよ。

問1　可視光線の性質について説明する文章として適切なものを、次の①〜④のうちから一つ選べ。
　　　　① 波長によって屈折率が異なる。
　　　　② 赤色の光も紫色の光も周波数は同じである。
　　　　③ 白色光をプリズムに通すと、光の反射によりスペクトルが現れる。
　　　　④ 赤、黄、青の色の光を、すべて同じ強さで重ねると白色になる。

問2　光のスペクトルに関する記述として**不適切なもの**を、次の①〜④のうちから一つ選べ。
　　　　① 光の波長によって屈折率が異なるので、光は分散されスペクトルが現れる。
　　　　② 白熱灯から出る光が分散されると、連続したスペクトルが現れる。
　　　　③ 赤色の単色光をプリズムに通すと、明暗の縞模様のスペクトルが現れる。
　　　　④ ナトリウム灯の光が分散されると、特定の場所に線状のスペクトルが現れる。

問3　文中の　A　、　B　に入る語句を答えなさい。

「太陽光をプリズムに通すと、虹のようなスペクトルが見られる。同じように、雨上がりなどには、空気中に浮いている水滴がプリズムの役目を果たして、空に虹が見られる。これは空気に対する水の　A　率が、光の色（波長）によって異なることにより、光の　B　が起こるからである。」

問4　ナトリウム灯や水銀灯のスペクトルを分光器で観察すると、輝いた線がとびとびに分布している。このスペクトルの名称として正しいものを、次の①〜④のうちから一つ選べ。
　　　　① 特殊スペクトル
　　　　② 線スペクトル
　　　　③ 連続スペクトル
　　　　④ 太陽スペクトル

問5　　　文中の　A　、　B　に入る語句を答えなさい。

「光は異なる媒質へ進むとき境界面で屈折する。水槽内の水がプリズムと同じはたらきをし、スクリーンに帯状の光が映った。この帯状の光を　A　という。　A　は、光の波長により屈折率が異なるために、光が　B　することによって生じる。」

（※触媒とは、光や波などを伝える物質のことをいいます）

解答・解説

問1：①

　光は波長（または周波数）によって屈折率が異なります。また、太陽光（白色光）をプリズムに通すと光の屈折率の違いにより、光が分散し帯状のスペクトルが映し出されます。光の三原色である赤（R）、緑（G）、青（B）を同じ強さで重ね合わせると白色になります。したがって、正解は①となります。

問2：③

　さまざまな波長の光は、それぞれ屈折率が異なっているため分散されてスペクトルが現れるので①は正しいと言えます。白熱灯の光はさまざまな波長の光を含んでいるので、その波長が広い範囲で連続的に分布しています。これを連続スペクトルと言います。したがって、②も正しい内容と言えます。単色光のような特定の波長の光をプリズムに通してもそれ以上分解されないので③は誤りとなります。ナトリウム灯の光が分散されると、ある波長のところだけスペクトルが現れ、ところどころに線が見られます。これを線スペクトルと言います。④も正しい内容となるので、正解は③となります。

問3：A…屈折　B…分散

　太陽光をプリズムに通すと、虹のようなスペクトルが見られるのは、空気に対する水の屈折率が光の色（波長）によって異なることにより、光が分散することによるものです。光の散乱は障害物や粒子によって光が四方に進行方向を広げられる現象です。したがって、Aには屈折、Bには分散が入ります。

問4：②

　白熱電球や太陽の光は、さまざまな波長の光を含んでいて、その波長が広い範囲で連続的に分布しています。これを連続スペクトルといいます。連続スペクトルは、高温のガスが出す熱放射です。ナトリウム灯や水銀灯の光は、ある波長のところだけスペクトルが現れ、スペクトルのところどころに線が見られます。これを、線スペクトルといいます。線スペクトルには、明るい線の輝線と、暗い線の吸収線（暗線）があります。したがって、正解は②となります。

問5：A…スペクトル　B…分散

　白色光にはさまざまな波長をもつ光が含まれています。この光が異なる媒質を通過するとき境界面で屈折しますが、光の波長により屈折率が異なっているため、光が分散してスクリーンに帯状の光が映し出されます。これをスペクトルといいます。したがって、Aにはスペクトル、Bには分散が入ります。

A-2 光の波としての性質

ヒтрは光によってモノを見ることができます。光には入射、反射、屈折などの性質を持ち、分散、回折、干渉など、さまざまな現象が起こります。その性質や現象をしっかり押さえるようにしましょう。

Hop｜重要事項

反射

異なる物質の境界面に光が入射すると**反射**が起こります。

- **入射角**（θ_1）
  入射光が境界面に立てた法線（垂線）となす角
- **反射角**（θ_1'）
  反射光が境界面に立てた法線（垂線）となす角

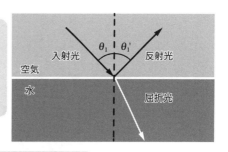

入射角 θ_1 と反射角 θ_1' は常に等しくなる
$$\theta_1 = \theta_1'$$

参考

空気中から水面に光が入射すると、一部は水面で反射して反射光となり、残りは水面で屈折して屈折光となる。具体的な例としては、定規を水中に入れると目盛りが詰まって見えたり、プールの底が実際より浅く見えたりするものがある。

屈折

異なる物質に向かって光が進むときに屈折が起こります。

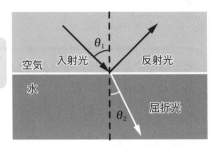

> ● **屈折角（θ_2）**
>
>   屈折光が境界面に立てた法線（垂線）となす角

屈折率

入射角 θ_1 と屈折角 θ_2 の間には一定の関係があり、図の入射角 θ_1 に対応する長さ a と屈折角 θ_2 に対応する長さ b の比率を**屈折率（n）**といいます。

$$\frac{a}{b} = n（一定）$$

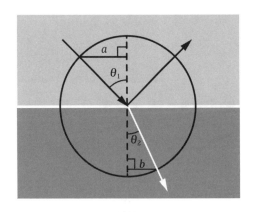

物質の屈折率	
空気	1.00
水	1.33
ガラス	1.46
ダイヤモンド	2.42

屈折率は光が進む物質の種類によって、境界面での屈折率が異なり、光の進む速度も変化します。屈折率の大きい物質ほど光が進む速度は遅くなります。

> ダイヤモンドは、天然物質の中では最も高い屈折率を持っています。屈折率が高いため、光が入ると大きく屈折し、鋭角に反射します。この反射した光が異なる面にあたり、また屈折し、反射します。これを利用したブリリアントカットと呼ばれる研磨方法によってダイヤモンドは美しく輝きます。

<u>全反射</u>

屈折率の大きい物質から小さい物質に光が進むとき、屈折をせずにすべて反射される現象がおきます。これを**全反射**といいます。

> ◉ 屈折角が 90°以上になると全反射が起こる
> ◉ 屈折角が 90°のときの入射角を**臨界角**という

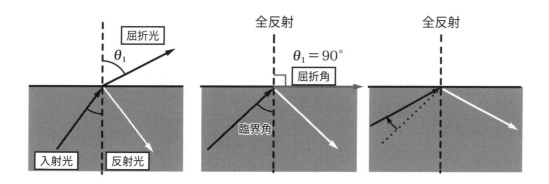

左写真の図1のように何も入っていない透明なガラスコップの底にコインを置き、その後側面からコインが見える状態でコップに水を注ぎ入れたところ、図2のようにコップの側面からはコインが全く見えない状態となった。このような現象を**全反射**という。

コインの上にコップを置く

図1 図2

令和 3 年第 2 回高卒認定試験 より

💡分散

入射した光が波長ごとに別々に分離される現象を光の**分散**といいます。光がガラスのような媒質を通過するとき、波長の短い光の方が、**屈折率が大きくなります**。

<u>虹のでき方</u>

空中を浮遊している水滴に太陽光があたると分散が起こります。それぞれの水滴は多色の光を反射していますが、1つの水滴から観察者の目に届くのは1色のみで、「太陽」➡「水滴」➡「観察者」のなす角度によって、異なる色の光が見えて、初めて虹となります。

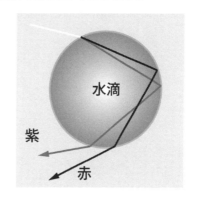

水滴

紫

赤

散乱

　光が障害物や粒子によって四方に進行方向が広げられる現象を光の**散乱**といいます。

　空が青い理由は、赤色より青色の方が波長が短いのでが散乱されやすいからです。太陽光が空気中を通過する距離が長い夕方の場合は、散乱されやすい青い光は私たちのところには届かず、散乱されにくい赤い光のみが届くので、夕日は赤く見えます。

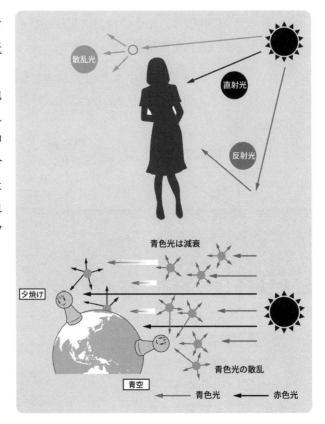

回折と干渉

回折

　波が障害物の裏側に回り込む現象を**回折**といいます。障害物の大きさに比べて、波長が長い波の方が回折しやすい特徴があります。

　光の波も回折が起こりますが、可視光線の波長は２千分の１㎜ 程度と、人が認識できる身のまわりの物体の大きさに比べ非常に短いため、回折現象が観察されにくくなります。

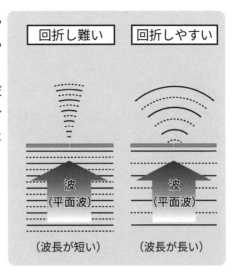

干渉

　2つ以上の波が重なったときに、強めあったり弱め合ったりする現象を**干渉**といいます。2つのスリットを回折した光が干渉し、スクリーン上で強め合う明るい部分と弱め合う暗い部分が**縞模様（干渉縞）**となって観測されます。

スリット (Slit。下図ではＳと表す) とは、切れ目や隙間のことをいい、ここでは光が通る隙間を指します。

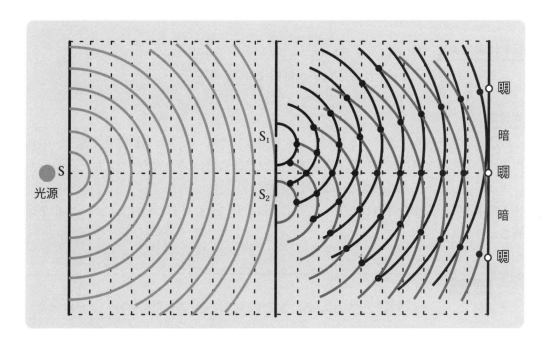

　日常生活では、水の上の油の膜に色がついて見えたりする現象が光の干渉です。また、池に2つの石を投げ入れると、2つの波が重なり合うとき、波の山と波の谷がぶつかるときは波が弱まり、波の山と波の山がぶつかると波は強くなります。この現象も干渉です。

🔎 偏光

振動面が特定の方向に偏っている光を**偏光**といいます。偏光板（偏光フィルター）は特定の振動方向の偏光のみしか通過させない光学的性質をもちます。

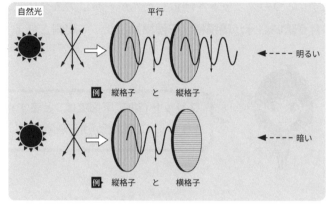

反射による偏光

水面やガラス、プラスチックの反射光は偏光となります。

光弾性

液晶モニターの光は偏光であり、これを透明なプラスチックに通過させた光を、偏光板を通して見ると虹模様が観察できます。これは製造時にプラスチックに加えられた力によって生じた内部の歪みなどによるものです。

このように、力を受けることで生じる歪みの影響により特有の模様が現れる現象を**光弾性**と呼びます。

📖 参 考
- 自然光 …… 波の性質をもつ光は、伝わる方向に対して垂直方向に振動面をもつが、太陽光のような自然光は、あらゆる方向に振動面をもつ光が混在している
- 光弾性の利用例 …… 光弾性はペットボトルの品質検査などで利用されている

🔍Step ｜ 基礎問題　　　　　　　　（　　）問中（　　）問正解

■ 各問の空欄に当てはまる語句を答えなさい。

問1　異なる物質の境界面に光が入射すると（　　　　）が起こる。

問2　入射角は入射光が境界面に立てた（　　　　）となす角である。

問3　（　　　　）は反射光が境界面に立てた法線（垂線）となす角である。

問4　入射角と（　　　　）は常に等しい。

問5　異なる物質の中に光が進むときには（　　　　）が起こる。

問6　屈折光が境界面に立てた法線（垂線）となす角を（　　　　）という。

問7　入射角と屈折角の間には一定の関係があり、それを決めるのが（　　　　）である。

問8　光が進む（　　　　）の種類によって、境界面での屈折率が異なる。

問9　屈折率の大きい物質ほど光が進む速度は（　　　　）なる。

問10　入射した光が波長ごとに別々に分離される現象を（　　　　）という。

問11　光がガラスのような媒体を通過するとき、波長の短い光の方がガラスを構成する物質の影響を強く受け、屈折率が（　　　　）なる。

問12　屈折率の大きい物質から小さい物質に光が進むとき、屈折をせずにすべて反射される現象を（　　　　）という。

問13　全反射は屈折角が（　　　　）°以上になると起こる。

🔍解 答

問1：反射　問2：法線（垂線）　問3：反射角　問4：反射角　問5：屈折

問6：屈折角　問7：屈折率　問8：物質　問9：遅く　問10：分散

問11：大きく（高く）　問12：全反射　問13：90

問14　紫色の光は赤色の光よりも屈折率が（　　　　）なる。

問15　空中を浮遊している水滴に太陽光があたると（　　　　）が起こる。

問16　空に見える（　　　　）は光の分散によって起こる現象である。

問17　（　　　　）は波が障害物の裏側に回り込む現象である。

問18　（　　　　）は2つ以上の波が重なったときに、強め合ったり弱め合ったりする現象である。

問19　波の性質をもつ光は、伝わる方向に対して（　　　　）方向に振動面をもつ。

問20　振動面が特定の方向に偏っている光を（　　　　）という。

問21　偏光板は特定の振動方向の（　　　　）のみしか通過させない光学的性質をもつ。

問22　水面やガラス、プラスチックの（　　　　）は偏光となる。

問23　（　　　　）は光が障害物や粒子によって四方に進行方向を広げられる現象である。

問24　波長の（　　　　）光ほど散乱の度合いが大きい。

問25　赤色の光より（　　　　）色の光の方が散乱されやすい。

解答

問14：大きく（高く）　問15：分散　問16：虹　問17：回折　問18：干渉　問19：垂直
問20：偏光　問21：偏光　問22：反射光　問23：散乱　問24：短い　問25：青

Jump｜レベルアップ問題

■ 次の各問いを読み、問1〜5に答えよ。

問1　文中の A 、B に入る語句を答えなさい。

> 「太陽光は、大気中の分子などの粒子に衝突すると、あらゆる向きに進んでいく。このような現象の光を A という。太陽光のうち波長の B 青色の光ほど A されやすいので、昼間は空が青く見える。」

問2　文中の ア 、イ に入る語句を答えなさい。

> 「波がすき間や障害物の裏側にまわり込む現象を ア といい、波特有の現象である。ア は、すき間や障害物の幅に対して イ が短いときにはあまり目立たないが、イ が長くなると目立つようになる。」

問3　偏光板を通過した後の太陽光の説明として適切なものを、次の①〜④のうちから一つ選べ。
　　① 偏光板を通過した太陽光は、縦波（疎密波）として進むようになる。
　　② 偏光板を通過した太陽光は、振動方向が一方向の光となる。
　　③ 偏光板を通過した太陽光は、特定の波長をもつ光となる。
　　④ 偏光板を通過した太陽光は、速さが遅くなる。

問4　文中の　ア　、　イ　、　ウ　に入る語句を答えなさい。

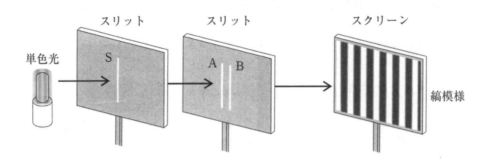

「単色光がスリットSを通過したのちに回折して広がり、2つのスリットA、Bを通過し、さらに回折して広がりスクリーンに達する。」

「このときA、Bを通過して回折した光が　ア　し、スクリーン上で強め合う　イ　部分と弱め合う　ウ　部分が縞模様となって観測される。」

問5　図1のように、壁に取り付けられた鏡で自分の顔を見た。このとき、頭の最上部（A）を映す光が反射している位置（a , b , c , d）はどこか、最も正しいものを一つ選べ。

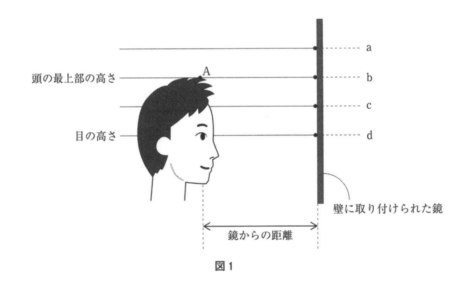

図1

解答・解説

問1：A…散乱　B…短い

　太陽光が大気中の分子などの粒子に衝突すると、あらゆる向きに進んでいきますが、これを光の散乱といいます。太陽光のなかに含まれる可視光線のうち青色の光は波長が短く散乱されやすいため、昼間は空が青く見えます。したがって、A には散乱、B には短いが入ります。

問2：ア…回折　イ…波長

　波がすき間や障害物の裏側にまわり込む現象を回折といい、すき間や障害物の幅に対して波長が短いときはあまり目立ちませんが、波長が長くなると大きく目立つようになります。したがって、ア には回折、イ には波長が入ります。

問3：②

　光は進行方向に対して垂直に振動する横波ですから、①は誤りとなります。太陽光はあらゆる方向に振動する光の集合ですが、これが偏光板を通過すると一定方向にのみ振動する光（偏光）だけが通り抜け、他の振動方向をもつ光は遮断されます。したがって、正解は②となります。また、偏光板はそれを通過する光の波長や速度には影響を与えないので③と④も誤りとなります。

問4：ア…干渉　イ…明るい　ウ…暗い

　光の回折が起こるとスリットを通過した光が扇状に広がります。スリットSを通過したのち回折して広がり、2つのスリットA、Bを通過してさらに回折により広がった光は互いに干渉し、スクリーン上で強め合う明るい部分と弱め合う暗い部分が縞模様となって観測されます。したがって、ア は干渉、イ は明るい、ウ は暗いが入ります。

問5：C

　鏡に自分の顔が映るのは、光源（顔）から出た光が鏡によって反射され、それが目に入ってくるからです。頭の最上部を映す光は、頭の最上部と目の中間の高さの位置で鏡によって反射されます。これは頭の最上部から鏡に向かう光の角度（入射角）と鏡によって反射されて目の方向に進む光の角度（反射角）が等しいからです。したがって、正解はCとなります。

A-3 日常生活での電磁波の利用

光も電磁波の一種で、光と同様な性質と現象があります。ここでは特に電波の種類と日常生活において、どのように利用されているのかなど、その役割を押さえるようにしましょう。

Hop｜重要事項

電磁波の種類

　電磁波とは、電気的な振動と磁気的な振動とが関係しながら**空間を伝わる波**をいい、**光も電磁波の一種**です。電磁波は、光と同様に**屈折**や**反射**、また**回折**や**分散**などの性質を持ち、波長によって異なった特徴をもっています。

名称		波長	おもな利用の例
電波	長波(LF)	10 ～ 1 km	電波時計
	中波(MF)	1000 ～ 100 m	国内ラジオ AM 放送
	短波(HF)	100 ～ 10 m	遠距離ラジオ
	超短波(VHF)	10 ～ 1 m	ラジオ FM 放送
	極超短波(UHF) ⎫	100 ～ 10 cm	テレビ放送
	センチ波(SHF) ⎬マイクロ波	10 ～ 1 cm	衛星放送
	ミリ波(EHF) ⎭	10 ～ 1 mm	電波望遠鏡
	サブミリ波	1 ～ 0.1 mm	がん検査
赤外線		0.1 mm ～ 770 nm	赤外線写真
可視光線		770 ～ 380 nm	光通信・光学機器
紫外線		380 ～ 10 nm	殺菌
X線		10 ～ 0.001 nm	X線写真
ガンマ線		0.01 nm 未満	材料検査・医療

《 電波の特徴 》

	短　　波長　　長		
情報量	多い		少ない
直進性	大		小
回折性	小		大

電波（波長：10km〜0.1mm）

　赤外線より波長が長い電磁波で、短いものは 0.1mm、長いものは 10km になるものまであります。長い波長の電波は回折しやすく、広い範囲に広げやすいので無線通信や放送などで利用されています。また、短い波長の電波は、反射の性質を利用したレーダー技術や熱作用をもたらす電子レンジの技術などに利用されています。

　携帯電話は、放送や無線で利用される電波よりも波長の短い**マイクロ波**が利用されています（周波数が高く、波長の短い電波の方が伝える情報量も多く、アンテナの長さも数cm程度で良いため）。
　GPS（全地球測位システム）は、地上約 2,000km 上空を周回している複数の人工（GPS）衛星の電波**（マイクロ波）**を利用して地球上の位置を測定します。

> 📖 **参　考**
> ◉ 周波数（振動数）とは、1 秒間に振動する回数で、波長が短いほど周波数は大きくなる
> ◉ マイクロ波は波長が 1 m 未満の電波で、電子レンジはこのマイクロ波を食品にあて、食品に含まれる水分子にエネルギーを与え、発熱させている

赤外線（波長：0.1mm〜770nm）

　発熱するものから発生し、熱を伝える性質をもちます。可視光線より波長が長く、目には見えませんが、光に近い性質をもっています。回折性が大きく、煙やちりなど障害物の影響を受けにくいという特徴があります。

　赤外線は手軽で安全であることから、テレビなど**電化製品のリモコンや携帯電話間のデータ通信**、熱源から発生された赤外線を専用カメラでとらえて**温度情報を色で表す装置（サーモグラフィー）**や、人から放射される赤外線をとらえる非接触型体温計、また監視カメラの照明**（パッシブセンサー）**など身近なところで広く利用されています。

可視光線（波長：770nm〜380nm）

　人の目で感じることのできる光で、波長の違いを色の違いとして認識しています。波長の長い方から順番に色を並べると、赤・橙・黄・緑・青・藍・紫となります。

紫外線（波長：380nm〜10nm）

可視光線の紫色より波長の短い電磁波で、直接見ることはできません。太陽から放射される紫外線**大部分はオゾン層によって吸収**されています。

紫外線は、蛍光物質のように紫外線に反応する物質を通して、間接的に目で確かめることができることから、紙幣・パスポートの偽造対策や使用済のはがきの確認などに利用されます。また、細胞に紫外線があたると DNA が損傷し、皮膚がんの原因になることがあるなど、生物にとって有害な紫外線ですが、**微生物を死滅**させたり、**増殖を抑えたり**するはたらきをもつため、**殺菌**の手段として**医療や食品衛生**で利用されています。

紫外線は一般的に海や山で強いため、日焼けしやすいんですよ！

X線・γ（ガンマ）線（波長：10nm 以下）

放射線の一種で、X 線とγ（ガンマ）線は発生のしかたの違いで分類されます。鏡やレンズで反射や屈折をせず、**透過性が高い**ことから、**レントゲン検査**に利用されていますが、生命に有害なので取り扱いには注意が必要となります。

また、レントゲン検査の原理を利用し、空港での手荷物検査など、荷物を分解せずに内部構造を調べる**非破壊検査**などに広く利用されています。

📖 **参 考**

レントゲン検査は、体に X 線を照射してその影を写真に撮る。

・X 線の透過しやすい空気　➡　黒く写る

・X 線の透過しにくい骨など　➡　白く写る

空気を多く含む肺は黒っぽく、骨や中央の心臓・大動脈は白っぽく写る。

Step │ 基礎問題

( )問中( )問正解

■ 各問の空欄に当てはまる語句を答えなさい。

問 1 　光は（　　　　　）の一種である。

問 2 　赤外線より波長が長い電磁波は（　　　　　）である。

問 3 　可視光線より波長の短い電磁波で、オゾン層で吸収されるのは（　　　　　）である。

問 4 　発熱するものから発生し、熱を伝える性質をもつ電磁波は（　　　　　）である。

問 5 　人の目で感じることのできる光は（　　　　　）である。

問 6 　電波は（　　　　　）によって特徴が異なる。

問 7 　テレビのリモコンに利用されているのは（　　　　　）である。

問 8 　赤外線は可視光線より波長が（　　　　　）。

問 9 　鏡は光がもつ（　　　　　）の性質を利用したものである。

問 10 　可視光線では波長の長い光ほど色が（　　　　　）に近い。

問 11 　X線・γ（ガンマ）線は透過性が大きく、鏡では（　　　　　）しない。

問 12 　携帯電話の電波は、（　　　　　）が利用されている。

解 答

問 1：電磁波　問 2：電波　問 3：紫外線　問 4：赤外線　問 5：可視光線　問 6：波長
問 7：赤外線　問 8：長い　問 9：反射　問 10：赤　問 11：反射　問 12：マイクロ波

問13　マイクロ波は食品を温めるための機器である（　　　　　）に利用されている。

問14　（　　　　　）は人工衛星の電波を利用して地球上の位置を測定するシステムである。

問15　カーナビゲーションシステムは（　　　　　）を利用した装置である。

問16　マイクロ波は放送や無線で利用される電波よりも波長が（　　　　　）。

問17　周波数が高く波長の短い電波の方が、伝える（　　　　　）が多い。

問18　レントゲン検査ではX線の透過しにくい骨などは（　　　　　）写る。

問19　赤外線をとらえて温度情報を色で表す装置を（　　　　　）という。

問20　（　　　　　）は殺菌の手段として医療や食品衛生で利用されている。

解 答

問13：電子レンジ　問14：GPS　問15：GPS　問16：短い　問17：情報量
問18：白　問19：サーモグラフィー　問20：紫外線

（　）問中（　）問正解

■ 次の各問いを読み、問1〜5に答えよ。

問1　電磁波は波長によって性質が異なり、表のように波長によって分類されている。波長について、 A と B 、 ア と イ に入る語句を答えなさい。

表

名　称		波　長
A	超長波　（VLF）	長　い ↑
	長波　　（LF）	
	中波　　（MF）	
	短波　　（HF）	
	超短波　（VHF）	
	極超短波（UHF）　 B	
	センチ波（SHF）	
	ミリ波　（EHF）	
	サブミリ波	
ア		
可視光線		
イ		
Ｘ線		↓
γ（ガンマ）線		短　い

問2　携帯電話の通信で使用されている電磁波として正しいものを、次の①〜④のうちから一つ選べ。

① 可視光線　　　② 極超短波 (UHF)　　　③ Ｘ線　　　④ γ（ガンマ）線

問3　電磁波についての説明として適切でないものを、次の①〜④のうちから一つ選べ。
① 電磁波の中には、情報を伝える手段として利用されているものもある。
② 電磁波の中には、医療現場で利用されているものもある。
③ 電磁波の中には、反射や屈折の性質を示さないものもある。
④ 電磁波は、回折や干渉の性質を示す。

問4　　X線が使用されているものとして正しいものを、次の①～④のうちから一つ選べ。

　　　　① リモコン

　　　　② レントゲン撮影

　　　　③ 電子レンジ

　　　　④ ラジオ放送

問5　　電磁波に関する記述として適切なものを、次の①～④のうちから一つ選べ。

　　　　① 電波は、空間を光の速さで伝わり、波長が 1 ㎞を超えるものもある。

　　　　② 赤外線は、可視光線より波長が短く、殺菌作用がある。

　　　　③ 紫外線は、温度が低い物体ほど多く放射され、物体の表面温度の測定に
　　　　　 用いられている。

　　　　④ X線やγ（ガンマ）線は、物体表面で反射されやすく、非破壊検査など
　　　　　 に用いられている。

解答・解説

問1：A…電波　B…マイクロ波　ア…赤外線　イ…紫外線

　超長波からサブミリ波までのAは電波です。電波のうち超短波よりも波長が短いものであるBはマイクロ波となります。可視光線よりも波長が長いアは赤外線、可視光線よりも波長が短いイは紫外線になります。

問2：②

　携帯電話の通信で使用されているのは極超短波（UHF）です。したがって、正解は②となります。

問3：③

　電磁波は光と同様に波であるので、散乱や屈折、反射、また回折や干渉などの現象を起こし、波長によって様々な性質を示します。したがって、正解は③となります。

問4：②

　①には電波や赤外線が利用されます。③にはマイクロ波が利用されます。④には電波が利用されます。レントゲン撮影にはX線が利用されています。したがって、正解は②となります。

問5：①

　電波は電磁波の中でもっとも波長が長く、長いものは10〜1kmのものもあります。赤外線は可視光線より波長が長い電波で、物体の表面温度の測定などに利用されます。また、紫外線は温度の高い物体ほど多く放射され、偽造パスポートの確認や殺菌などに利用されます。X線やγ線は物体表面で反射され難く、透過しやすい性質をもっています。したがって、正解は①となります。

B-1 熱とその性質

この単元では温度に応じた物質の運動、熱の伝わり方、セルシウス温度と絶対温度とは何か、物質の比熱と比熱計算について押さえるようにしましょう。

Hop｜重要事項

物質の三態

　物質は温度や圧力によって**固体、液体、気体**の３つの状態をとり、この３つの状態のことを**物質の三態**といいます。

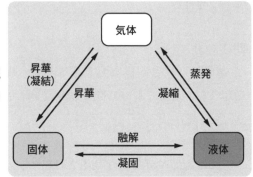

ブラウン運動

　液体や気体の中で浮遊する微粒子（びりゅうし）が、不規則に運動する現象を**ブラウン運動**といいます。ロバート・ブラウンが、水の浸透圧で水中に流出し浮遊した微粒子を顕微鏡（けんびきょう）で観察中に発見したことからこのように呼ばれます。

熱運動と温度

　物体をつくっている原子、分子といった構成粒子は、その温度に応じた不規則な運動を続けていて、この粒子の運動を**熱運動**といいます。

　温度が高いほどこの運動が激しくなり、温度が低いほど穏やかになります。

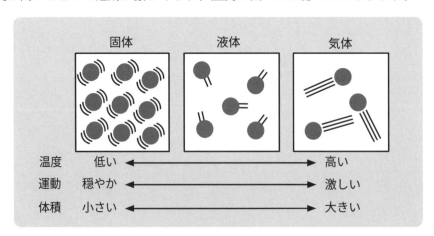

 ## 温度

物質の熱さ、冷たさの度合いを表す目安を温度といい、熱運動による物質の体積変化を利用して温度を測定するものが温度計です。

セルシウス温度（セ氏温度）

セルシウス温度（セ氏温度）とは、スウェーデンの天文学者アンデルス・セルシウスによって水の凝固点を0℃、沸点は100℃と定めたもので、0℃〜100℃の間を100等分して1℃の温度差としたものです。

いつもみなさんが聞く水温や気温、体温などに使われる温度のことですね！

絶対温度

温度をどんどん下げると、物質を構成する原子の熱運動が完全に停止すると考えられ、そのときの温度を**絶対零度**といいます。**セルシウス温度 -273℃を0K（ケルビン）**として、セルシウス温度と同じ目盛り間隔で定めた温度を**絶対温度**といい、単位はケルビン（K）で表します。

絶対温度をT、セ氏温度をtとすると　T(K) ＝ t(℃) ＋ 273

セルシウス温度と絶対温度

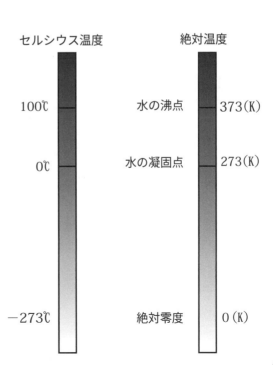

セルシウス温度と絶対温度の関係を押さえましょう！

確認してみよう

問1　-273℃を0K（ケルビン）として K の単位で表される温度を（**絶対温度**）という。

問2　セルシウス温度27℃を絶対温度で表すと（　**300**　）K となる。

問3　絶対温度では、水の沸点は（　**373**　）K となる。

問4　絶対温度では、水の凝固点0℃は（　**273**　）K となる。

物質の熱容量と比熱容量

比熱容量（比熱）

ある物質 1g（グラム）の温度を1K 上昇させるのに必要な熱量を比熱容量といい、単位は（J/g·K）**ジュール毎グラム毎ケルビン**で表します。比熱容量の値が大きいほど温まりにくく冷めにくくなります。なお、J（ジュール）とは、熱量・エネルギー・仕事量の単位となります

物質	比熱(J/g·K)
銀	0.24
銅	0.38
鉄	0.45
アルミニウム	0.90
なたね油	2.0
水	4.2

身近な例を考えてみましょう。お風呂のお湯（水）は温まりにくく、冷めにくいですよね。一方、フライパン（鉄）は熱しやすく冷めやすい特徴がありますね！

熱容量

ある物体全体の温度を1K（ケルビン）上昇させるのに必要な熱量を、その物体の熱容量といい、単位は（**J/K**）**ジュール毎ケルビン**で表します。

参考

水 1g を1K（1℃）上昇させるのに必要な比熱容量（比熱）は上記表の比熱から 4.2J/g·K です。

仮に水 10g を1K（1℃）上昇させるのに必要な熱量は以下の通りとなります。

➡ 10g × 4.2J/g·K × 1K=42J（ジュール）

では水 10g を 10K（10℃）上昇させるのに必要な熱量は？？

➡ 10g × 4.2J/g·K × 10K=420J（ジュール）となります。

したがって、

比熱容量（比熱）が c（J/g·K）の物質 m（g）でつくられている物体の熱容量 C（J/K）は

$C = mc$

物体の温度を t（K）上げるのに必要な熱量 Q（J）は $Q = Ct = mct$

例題

－20℃の氷100gを0℃の氷にするまでに加えた熱量を求めなさい。

なお、氷の比熱は2.1（J/g·K）である。

【解答】熱量＝ 100g × 2.1（J/g·K）× 20k ＝ 4200J（ジュール）

✏️**コラム** 1カロリー＝ 4.2J（ジュール）

　カロリーとは熱量（エネルギー）を表す単位の1つで、食品面ではJ（ジュール）ではなく、カロリーが主に使われています。1カロリーは水1gを1気圧のもとで1℃（1K）上昇させるのに必要な熱量となります。

1気圧とは、大気から受けている圧力で、地上の標準気圧を言います。
1気圧＝1atm（アトム）＝1013hpa（ヘクトパスカル）です。

熱の伝わり方と熱量の保存

熱の伝わり方

　熱とは、**高温の物体から低温の物体に向かって移動する熱運動のエネルギー**であり、伝わり方には伝導、対流、放射の3種類があります。

①**伝導**…… となり合った物質同士で熱が伝わっていくこと。たとえば、下図のコンロの火の上に水に入った鍋を置き、温めること
物質によって熱の伝わりやすさの度合い（**熱伝導率**）は異なる

②**対流**…… 液体や気体の流れによる移動によって熱が伝わること

③**放射**…… 熱が電磁波の状態で放出され、離れたところに熱が伝わること

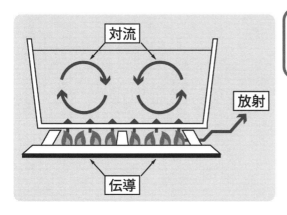

たき火やストーブの前に立つと体が暖められるのは、放射による熱が伝わるからです！

熱平衡

　高温の物体から低温の物体に熱が移動し、全体の温度が均一になった状態を**熱平衡**といいます。

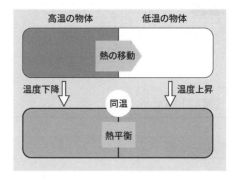

熱量保存の法則

　外部との熱の出入りがないとすると、高温の物体が失った熱量は、低温の物体が得た熱量に等しくなります。これを**熱量の保存**といいます。

　物体 A（高温）と物体 B（低温）のそれぞれの質量を mA と mB、比熱を cA と cB、初めの温度を tA と tB、終わりの温度を t とすると、次の関係が成り立ちます。

> **高温の物体Aが失った熱量＝低温の物体Bが得た熱量**
>
> $$mAcA（tA － t）＝ mBcB（t － tB）$$

例題

　水の比熱容量が4.2J/g·Kとするとき、20℃の水100gと80℃のお湯200gを混合したときの混合後の温度を求めなさい。

【解答】　$200 × 4.2 ×（80 － t）＝ 100 × 4.2 ×（t － 20）$

$67200 － 840t ＝ 420t － 8400$

$1260t ＝ 75600$

よって、$t ＝ 60$（℃）

電流による熱の発生

《 電気の基礎知識 》

①電流 I ⇨ 電気の流れの量を表し、単位にアンペア〔A〕を用いる

②電圧 V ⇨ 電気を流そうとする圧力を表し、単位にボルト〔V〕を用いる

③電気抵抗⇨ 電流の流れにくさを表し、単位にオーム〔Ω〕を用いる

（単に抵抗ともいう）

オームの法則（R：抵抗） $I = \dfrac{V}{R}$ （電流 = $\dfrac{電圧}{抵抗}$ ）

電流と熱

電熱線のような抵抗のあるものに電流が流れると、電気エネルギーが変換され、熱が発生します。これを**ジュール熱**といいます。

ジュールの法則

電熱線に V〔V〕の電圧を加えて、I〔A〕の電流を t〔s〕秒間流したとき、ジュール熱として発生する熱量 Q〔J〕は

1秒ごとに発生するジュール熱 P〔J/s〕は $\dfrac{Q}{t} = RI^2$ は消費電力〔W〕と等しい。

例題

100Ωの電熱線に0.5Aの電流が5分間流れるときの発熱量Q(J)を求めなさい。

【解答】 $Q = RI^2t$

$= 100Ω \times (0.5)^2 \times 5分 \times 60秒$

$= 7500 (J)$

$= 7.5 \times 10^3 (J)$

参 考

◉ ジュール熱は自由電子が導体中の原子に衝突して、原子の熱運動が激しくなることで発生する。

◉ 同じ抵抗の電線に一定の電力を送るとき、ジュール熱として失われるエネルギーは、電圧の2乗に反比例して小さくなる（100倍の電圧ならエネルギーの損失は1万分の1）。

Step │基礎問題

■ 各問の空欄に当てはまる語句を答えなさい。

問1　　–273℃を0としてK（ケルビン）の単位で表される温度は（　　　　　）である。

問2　　セルシウス温度27℃を絶対温度で表すと（　　　　　）K（ケルビン）になる。

問3　　絶対温度では、水の沸点は（　　　　　）K（ケルビン）となる。

問4　　物体をつくっている分子などの構成粒子は、不規則な運動を続けている。これを（　　　　　）という。

問5　　原子や分子の熱運動が激しくなると、物質全体の（　　　　　）が膨張する。

問6　　熱量の単位は（　　　　　）である。

問7　　物体全体の温度を1〔K〕上昇させるのに必要な熱量のことを（　　　　　）という。

問8　　（　　　　　）の値が大きいほど温まりにくく冷めにくい。

問9　　（　　　　　）は物質の移動を伴わずにその内部で熱運動が伝わっていくことである。

問10　　（　　　　　）は赤外線により熱が伝わることである。

問11　　（　　　　　）は液体や気体の移動を伴って熱が伝わることである。

問12　　外部との熱の出入りがないとすると、高温の物体が失った熱量は、低温の物体が得た熱量に等しい。これを（　　　　　）保存の法則という。

🔍 **解　答**

問1：絶対温度　問2：300　問3：373　問4：熱運動　問5：体積　問6：ジュール（J）
問7：熱容量　問8：比熱容量（比熱）　問9：伝導　問10：放射　問11：対流　問12：熱量

問13　物質によって熱の伝わりやすさの度合いは異なる。これを（　　　　）という。

問14　たき火やストーブは（　　　　）の放射によって暖める。

問15　電気の流れの量を表す電流の単位は（　　　　）である。

問16　電熱線のような抵抗のあるものに電流が流れると、電気エネルギーが変換され、（　　　　）が発生する。

問17　抵抗が R〔Ω〕の電熱線に I〔A〕の電流を t〔s〕間流したとき、発生する熱量 Q〔J〕は（　　　　）と表される。

 解　答

問13：熱伝導率　問14：赤外線　問15：アンペア（A）　問16：ジュール熱　問17：RI^2t

（　　）問中（　　）問正解

■ 次の問いを読み、問1～問5に答えよ。

問1　比熱（単位 J/g·K）の説明として正しいものを、次の①～④のうちから一つ選べ。
　　　① 物質1gの温度を1K上昇させるのに必要な熱量
　　　② 物体の温度を1K上昇させるのに必要な熱量
　　　③ 物質1gに1Jの熱量を与えたときに上昇した温度
　　　④ 物体に1Jの熱量を与えたときに上昇した温度

問2　水を冷却すると凝固し、加熱すると沸騰する。1気圧（1013hPa）のもとで水が凝固、沸騰するときの温度をもとに定められたものとして適切なものを、次の①～④のうちから一つ選べ。
　　　① セ氏（セルシウス）温度　　　② カ氏（華氏）温度
　　　③ 絶対温度　　　　　　　　　　④ 凝結温度

問3　質量が等しく、比熱が大きい物質Aと比熱が小さい物質Bがある。この2つの物質を同じように温めたり冷やしたりすると、比熱の大きい物質Aの方が（　　　　　　）。
　　　① 温まりやすく、冷めやすい
　　　② 温まりやすく、冷めにくい
　　　③ 温まりにくく、冷めにくい
　　　④ 温まりにくく、冷めやすい

問4　氷の比熱は 2.1J/(g·K) である。-20℃の氷 100g を 0℃の氷にするまでに加えた熱量として正しいものを、次の①～④のうちから一つ選べ。
　　　① 1050J　　　② 2100J　　　③ 4200J　　　④ 8400J

問5　質量が等しい鉄球（比熱 0.45J/g·K）とアルミニウム球（比熱 0.9J/g·K）がある。ある熱量を鉄球に与えたところ温度は 80K 上昇した。同じ熱量をアルミニウム球に与えたときの温度上昇として正しいものを、次の①～④のうちから一つ選べ。
　　　① 40K　　　② 80K　　　③ 120K　　　④ 160K

解答・解説

問1：①

比熱とは物質1gの温度を1K上昇させるのに必要な熱量のことです。したがって、正解は①となります。

問2：①

①のセ氏温度は1気圧の下で、水の凝固点を0度、沸点を100度とするものです。②のカ氏温度は水の凝固点を32度、水の沸点を212度として、その間を180等分したものです。③の絶対温度は–273℃を0K(ケルビン)としたもので、水の凝固点は273K、沸点は373Kとなります。④の凝結温度とは水蒸気を含む空気を冷却したとき、水の凝結が始まる温度のことを指します。したがって、正解は①となります。

問3：③

比熱が大きいということは、その物質の温度を上昇させるのにそれだけ多くの熱量が必要であることを示しています。言い換えればそれだけ温まりにくく冷めにくいということになります。したがって、正解は③となります。

問4：③

比熱とは物質1gの温度を1℃上昇させるのに必要な熱量のことです。–20℃の氷を0℃の氷にするとき、温度は20℃上昇しているので、加えられた熱量は100g × 2.1J/g·K × 20℃＝4200Jとなります。したがって、正解は③となります。

問5：①

鉄球に与えた熱量とアルミニウム球に与えた熱量は等しくなるので、(鉄球の比熱)× 80 ＝(アルミニウム球の比熱)× t という関係式が成り立ちます。おのおのに比熱をあてはめると、0.45 × 80 ＝ 0.90 × t となり、これを解くと t ＝ 40 になります。したがって、アルミニウム球の温度上昇は40Kですから①が正解となります。

B-2 エネルギーの変換と保存

エネルギーはどのように変換されていくのか、火力発電やガソリンエンジンの例をもとに、その変換過程を押さえてください。また熱の可逆性と不可逆性とはどのようなものかも合わせて押さえるようにしましょう。

Hop｜重要事項

熱エネルギーと力学的エネルギー（運動エネルギーと位置エネルギーの和）

運動エネルギーは、摩擦熱により熱エネルギーに変わります。

《 エネルギーが他のエネルギーに変わるとき 》

- 落下による衝突：位置エネルギー ➡ 熱エネルギー（衝突面）
- 摩擦のある斜面：位置エネルギー ➡ 熱エネルギー（斜面）
- 摩擦のない斜面：位置エネルギー ➡ 運動エネルギー

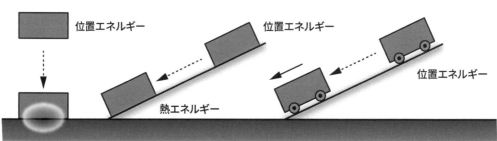

- 位置エネルギー …… 物体がある位置において潜在的に蓄えているエネルギーのこと
- 運動エネルギー …… 運動している物体がもつエネルギーのこと
- 熱エネルギー ……… 熱がもつエネルギーのこと
- 力学的エネルギー … 位置エネルギーと運動エネルギーの和

【例：自動車のブレーキ】
ブレーキディスクが摩擦でタイヤの動きを止めるとき、摩擦熱でブレーキディスクが赤熱する。

自動車の**運動エネルギー** ➡ 空気の分子の**熱エネルギー**

🔋 いろいろなエネルギーとエネルギーの保存

エネルギーは互いに変換され、いろいろな種類のものに変わっていきます。

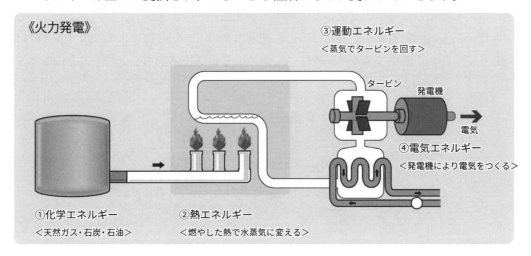

《火力発電》

③運動エネルギー
<蒸気でタービンを回す>

タービン　発電機

電気

④電気エネルギー
<発電機により電気をつくる>

①化学エネルギー
<天然ガス・石炭・石油>

②熱エネルギー
<燃やした熱で水蒸気に変える>

《ガソリンエンジン》

①化学エネルギー <ガソリン> ➡ ②熱エネルギー <燃焼> ➡ ③力学的エネルギー <動く>

エネルギー保存の法則
エネルギーはどのような種類のものに変換されても、その総和が常に一定に保たれる。

化学エネルギー

物質は固有のエネルギーをもっており、それを化学エネルギーといいます。化学反応が起こることによって発生または吸収されるエネルギーのことを反応熱といいます。

- 化学反応により、外部に熱を放出する反応 ➡ **発熱反応**
- 化学反応により、外部から熱を吸収する反応 ➡ **吸熱反応**

🔋 熱の不可逆性

可逆変化

エネルギー保存の法則により、エネルギーが他の種類のエネルギーに変換されてもエネルギーの総量は変わらず、外部からのエネルギーを使わず再びもとの状態にもどる変化を**可逆変化**といいます。

振り子は可逆変化の一例です。

不可逆変化

　エネルギーが他の種類のエネルギーに変換されたとき、新たに別のエネルギーを使わないと、もとにもどらない変化のことを不可逆変化といいます。

　摩擦のある斜面を物体が滑り降りると、運動エネルギーが摩擦による熱エネルギーに変わりますが、この熱エネルギーをすべて集めても再び物体をもち上げることはできません。

　たとえば、熱いコーヒー（A）から冷めたコーヒー（B）にはなりますが、何も手を加えなければ、冷めたコーヒー（B）から熱いコーヒー（A）にはなりません。これを**熱の不可逆性**といいます。

Step | 基礎問題

(　　)問中(　　)問正解

■ 各問の空欄に当てはまる語句をそれぞれ答えなさい。

問1　運動エネルギーは摩擦熱により（　　　　　）に変わる。

問2　物体を垂直に落下させると、位置エネルギーは衝突面で（　　　　　）に変わる。

問3　（　　　　　）は互いに変換されいろいろな種類のものに変わっていく。

問4　火力発電は（　　　　　）を電気エネルギーに変換する。

問5　（　　　　　）の法則ではエネルギーがどのような種類のものに変換されても、その総和が常に一定に保たれる。

問6　エネルギーが他の種類のエネルギーに変換されてもエネルギーの総量は変わらず、外部からのエネルギーを使わずに再びもとの状態にもどる変化を（　　　　　）という。

問7　エネルギーが他の種類のエネルギーに変換されたとき、新たに別のエネルギーを使わないと、もとにもどらない変化を（　　　　　）という。

問8　振り子は（　　　　　）変化の例である。

問9　熱平衡は（　　　　　）変化の例である。

問10　化学反応によって生じる反応熱は（　　　　　）である。

解　答

問1・問2：熱エネルギー　問3：エネルギー　問4：化学エネルギー　問5：エネルギー保存
問6：可逆変化　問7：不可逆変化　問8：可逆　問9：不可逆　問10：化学エネルギー

 Jump | レベルアップ問題

（　）問中（　）問正解

■ 次の各問いを読み、問1～5に答えよ。

問1 熱は高温物体から低温物体に移動するが、低温物体から高温物体へ逆向きに移動することはない。この法則として適切なものを、次の①～④のうちから一つ選べ。

① 可逆変化　　　② 不可逆変化　　　③ 還元　　　④ 熱平衡

問2 ガソリンエンジンで自動車が走るときのエネルギー変換の順序として適切なものを、次の①～④のうちから一つ選べ。

① 化学エネルギー → 熱エネルギー → 力学的エネルギー

② 光エネルギー → 熱エネルギー → 力学的エネルギー

③ 熱エネルギー → 化学エネルギー → 力学的エネルギー

④ 化学エネルギー → 熱エネルギー → 電気エネルギー

問3 動いている自動車でブレーキを踏むとブレーキ摩擦によって熱が発生する。このとき行なわれているエネルギーの変換として適切なものを、次の①～④のうちから一つ選べ。

① 熱エネルギー　　→　　力学的エネルギー

② 力学的エネルギー　　→　　熱エネルギー

③ 力学的エネルギー　　→　　電気エネルギー

④ 化学エネルギー　　→　　力学的エネルギー

問4 エネルギーの変換について述べた文として適切なものを、次の①～④のうちから一つ選べ。〈高認 R. 3-2・改〉

① 火力発電では、石炭や天然ガスの核エネルギーを電気エネルギーに変換している。

② 地熱発電では、光エネルギーを電気エネルギーに変換している。

③ 太陽電池では、熱エネルギーを電気エネルギーに変換している。

④ 水力発電では、力学的エネルギーを電気エネルギーに変換している。

問5 化学エネルギーから熱エネルギーに変換を行っている例として適切なものを、次の①～④のうちから一つ選べ。

① 太陽電池　　　② モーター　　　③ 化学カイロ　　　④水力発電

解答・解説

問1：②

　高温の物体から低温の物体に熱が移動し、全体の温度が均一になった状態は熱平衡ですが、これをもとの状態にもどすためには、新たな別のエネルギーが必要となります。しがたって、正解は②となります。

問2：①

　ガソリンエンジンは、燃料などのもつ化学エネルギーをエンジン内で燃焼させることで、熱エネルギーを得ます。この熱エネルギーを利用して動力を得ることで力学的エネルギーに変わります。したがって、正解は①となります。

問3：②

　自動車のブレーキは、タイヤと一緒に回転しているブレーキディスクをパッドではさみ、摩擦で動きをとめます。このとき発生する摩擦熱が空気の分子の熱エネルギーに変わります。したがって、正解は②となります。

問4：④

　①火力発電では熱エネルギーを電気エネルギーに変換しています。②地熱発電では地下のマグマの熱エネルギーを電気エネルギーに変換しています。③太陽電池は太陽の光エネルギーを電気エネルギーに変換しています。したがって、正解は④となります。

問5：③

　太陽電池は光エネルギーを電気エネルギーに、モーターは電気エネルギーを運動エネルギーに、水力発電は水の流れである運動エネルギーを電気エネルギーに変えるものです。化学カイロは鉄粉や空気中の酸素などがもつ化学エネルギーを熱エネルギーに変えることで発熱します。したがって、正解は③となります。

B-3 エネルギーの有効活用

この単元では、熱効率の意味とその計算、そして日常生活において、どのような形で熱が利用されているのか、具体的事例を覚えるようにしましょう。

熱機関

　蒸気機関、ガソリンエンジン、ディーゼルエンジンなど燃料を燃焼させて得た熱エネルギーを、仕事に変える装置を**熱機関**といいます。高温部から受け取った熱量と低温部に放出した熱量の差 $(Q_1 - Q_2)$ が熱機関のした仕事 W になります。

高温 → Q_1 → 熱機関 → W → 仕事

→ Q_2 → 低温

- 蒸気機関は、加熱により発生させた水蒸気をシリンダーに送り込み、気体分子のバラバラな動きを一方向のピストンの動きに変える。
- 自動車などのエンジンは、シリンダーに燃料と空気の混合気体を入れ爆発させて、そのときできた高温の二酸化炭素や水蒸気の気体分子がピストンを押す。

熱効率（e）

　受け取った熱量 Q_1〔J〕に対する仕事に変わった熱量 W〔J〕の割合を熱効率と呼びます。

$$e = \frac{W}{Q_1} = \frac{Q_1 - Q_2}{Q_1} \quad (Q_2：放出した熱量)$$

$$熱効率 = \frac{外部にした仕事}{吸収した熱量} = \frac{吸収した熱量 - 放出した熱量}{吸収した熱量}$$

おもな熱機関の熱効率（％）	
蒸気機関	9 ～ 21
蒸気タービン	22 ～ 40
ディーゼル機関	28 ～ 38
ガソリンエンジン	21 ～ 31

例題

ある熱機関が80J（ジュール）の熱量を得て60J（ジュール）の熱を放出した。この熱機関の熱効率を求めなさい。

【解答】 熱効率 $= \dfrac{外部にした仕事}{吸収した熱量} = \dfrac{吸収した熱量－放出した熱量}{吸収した熱量}$

$\qquad\qquad = \dfrac{80J－60J}{80J}$

$\qquad\qquad = \dfrac{20J}{80J}$

$\qquad\qquad = 0.25$（25％）

例題

熱効率20％のディーゼルエンジンに100J（ジュール）の熱量を与えたとき、このディーゼルエンジンがする仕事は何Jとなるか求めなさい。

【解答】 W（J）$= 100J \times 20\%$

$\qquad$ したがって、**20J**(ジュール)

🔥 熱と人間生活

ヒートポンプ

　自然界での熱の移動現象に逆らって、熱を低温部から高温部へ移動させるしくみをヒートポンプといいます（自然界では熱は高温部から低温部へ移動します）。

【ヒートポンプの例】エアコン、冷蔵庫など

体を水でぬらすと、水が蒸発するとき蒸発熱を体から奪うので涼しく感じる原理ですね。

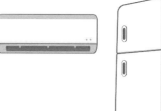

液体が気体に変わるとき、周囲から蒸発熱を吸収します。ヒートポンプでは冷媒と呼ばれる蒸発しやすい液体を利用し、冷媒が蒸発熱を吸収することで周囲の温度を下げます。

✏️コラム
　ヒートポンプの冷媒として利用されていたフロンは、オゾン層を破壊する原因物質であることが分かり、現在はそれに代わるものが使われています。

ハイブリッド

2つ(またはそれ以上)の異質のものを組み合わせ一つの目的を成すものをいいます。
【ハイブリッドの例】

ハイブリッドカーは、内燃機関動力(ガソリンエンジンやディーゼルエンジン)と蓄電池によるモーターの回転動力を組み合わせた動力源を使っています。

回生ブレーキ

ハイブリッド車やEV(電気自動車)などで使われている技術で、減速時に駆動用のモーターを発電機としてはたらかせ、**電気エネルギーに変換**して、バッテリーに貯めることのできるシステムをいいます。

太陽光エネルギーの利用

地表に届く太陽光エネルギーを石油、ガス、電気などの代わりに利用することで**CO_2の排出を抑制**し、資源の節約にも有効となります。

太陽熱温水器

太陽光を直接利用して水を温めます。太陽熱温水器は受光した太陽光エネルギーの50％以上を熱として利用することが可能で、エネルギーの変換効率が良いのが特徴です。温水は台所や風呂の給湯、暖房などに利用可能です。

太陽光発電

太陽光のもつエネルギーを直接電気エネルギーに変換します。特に太陽光発電は化石燃料の節約に役立ち、二酸化炭素を排出しないため環境にやさしい**クリーンなエネルギー**です。発電には**太陽電池**を使います。光電池ともいいます。

Step | 基礎問題

■ 各問の空欄に当てはまる語句を答えなさい。

問1　（　　　　　　）とは熱をくり返し仕事に変える装置である。

問2　熱機関の例は（　　　　　）エンジンやディーゼルエンジンがある。

問3　受け取った熱量と放出した熱量の差が熱機関がした（　　　　）になる。

問4　受け取った熱量に対する仕事に変わった熱量の割合が（　　　　）になる。

問5　自然界では（　　　　　）は高温部から低温部へ移動する。

問6　体を水でぬらすと、水が蒸発するときに（　　　　　）を体から奪うので涼しく感じる。

問7　自然界での熱の移動現象に逆らって、熱を低温部から高温部へ移動させるしくみを（　　　　）という。

問8　（　　　　）はオゾン層を破壊する原因物質なので、現在は冷媒に利用されていない。

問9　ハイブリッドカーでは、内燃機関動力と（　　　　　）によるモーターの回転動力を組み合わせた動力源を使う。

問10　（　　　　）は太陽光を直接利用して水を温める。

問11　太陽光発電では（　　　　　）を使って光のエネルギーを電気エネルギーに変換する。

🔍 解答

問1：熱機関　問2：ガソリン　問3：仕事　問4：熱効率　問5：熱　問6：蒸発熱
問7：ヒートポンプ　問8：フロン　問9：蓄電池　問10：太陽熱温水器　問11：太陽電池（光電池）

 **Jump │ レベルアップ問題**

■ 次の問いを読み、問1〜問10に答えよ。

問1　ある熱機関が120Jの熱量を得て90Jの熱を放出した。この熱機関の熱効率として正しいものを、次の①〜④のうちから一つ選べ。〈高認 R. 3-2・改〉
　　　　① 35%　　　② 40%　　　③ 30%　　　④ 25%

問2　熱効率24%のディーゼルエンジンに200Jの熱量を与えたとき、このディーゼルエンジンがする仕事は何Jとなるか。正しいものを、次の①〜④のうちから一つ選べ。
　　　　① 42J　　　② 24J　　　③ 48J　　　④ 20J

問3　熱効率が100%にならない理由として適切なものを、次の①〜④のうちから一つ選べ。
　　　　① 熱機関は仕事をするときに排出する熱があるため
　　　　② 熱機関は仕事をするときに吸収する熱があるため
　　　　③ 熱機関は仕事をするときに人為的に冷却されるため
　　　　④ 熱機関は仕事をするときに機械的に冷却されるため

問4　エアコンによる冷却のしくみの説明として適切なものを、次の①〜④のうちから一つ選べ。
　　　　① 液体の冷媒が気体に変わるとき、蒸発熱を周囲に放出するため
　　　　② 気体の冷媒が液体に変わるとき、蒸発熱を周囲から奪うため
　　　　③ 液体の冷媒が気体に変わるとき、蒸発熱を周囲から奪うため
　　　　④ 気体の冷媒が液体に変わるとき、蒸発熱を周囲に放出するため

問5　ハイブリッドカーの動力源として適切なものを、次の①〜④のうちから一つ選べ。
　　　　① 内燃機関動力と蒸気タービンの回転動力
　　　　② 内燃機関動力と太陽電池によるモーターの回転動力
　　　　③ 内燃機関動力と蓄電池によるモーターの回転動力
　　　　④ 内燃機関動力と内燃機関動力

解答・解説

問1：④

　熱効率は熱として投入されるエネルギーのうち、動力や電力などのエネルギーに変換される割合です。120Jの熱量を得て90Jの熱を放出したということは、その差の30Jが仕事に用いられたエネルギーということです。

よって、熱効率は30 ÷ 120 × 100％＝25％となります。したがって、正解は④となります。

問2：③

　熱効率は投入されるエネルギーのうち、動力などに変換されたエネルギーの割合です。熱効率24％の熱機関が200Jのエネルギーを得たことから、動力に変換されたエネルギーは200J × 24％＝48Jとなります。したがって、正解は③となります。

問3：①

　熱機関は仕事をするときに必ず排出する熱が発生するため、運動エネルギーに変換されず無駄になるエネルギーがあります。したがって、正解は①となります。

問4：③

　エアコンのようなヒートポンプでは液体の冷媒が気体に変わるときに周囲から蒸発熱を奪うことで冷却を行っています。したがって、正解は③となります。

問5：③

　ハイブリッドカーはエンジンのような内燃機関動力と蓄電池によるモーターの回転動力を組み合わせて動かします。したがって、正解は③となります。

第2章
物質の科学

A-1 プラスチックの種類と性質

日常生活で周りを見渡せばたくさんのプラスチック製品があります。プラスチックの種類と性質、またモノマーやポリマー、重合など用語もしっかりと押さえるようにしましょう！

Hop｜重要事項

プラスチックをつくる成分

プラスチックは炭素と水素を主成分とする化合物で、おもに**石油を原料につくられます。**

石油は原油に含まれていますが、原油にはさまざまな物質が含まれているため、沸点の差を利用した**蒸留（分留）**という手段を使って、重油・軽油・灯油・ナフサなどに分けられて、そのうち、おもに**ナフサ**を原料に各種プラスチック製品が製造されます。

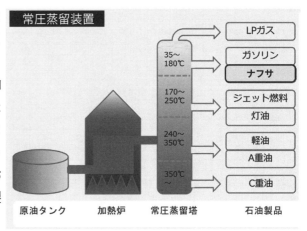

常圧蒸留装置

身近なプラスチックの種類と性質

プラスチックの種類

プラスチックは石油を原料として化学的につくられる高分子化合物で、性質もさまざまな種類があり、いろいろな用途があります。

プラスチックは熱に対する違いによって、**熱可塑性樹脂**と**熱硬化性樹脂**の二つに分かれます。

熱可塑性樹脂は、熱を加えるとやわらかくなり冷やすと硬くなりますが、**熱硬化性樹脂**は、熱を加えると硬くなり一度硬くなると再加熱してもやわらかくならない性質をもっています。

その他にも、紙おむつなどに使われる高吸収性樹脂、コンタクトレンズなどに使われる光透過性樹脂、タッチパネルなどに使われる導電性樹脂、土に埋めると微生物のはたらきによって、二酸化炭素と水に分解される**生分解性樹脂**など、新しい科学技術によって開発された特殊な機能もった**機能性樹脂**があります。

◉ 熱可塑性樹脂
　熱を加えると液化し冷やすと再び固まることから、日常生活で広く使用されている。ペットボトル・シャンプーボトル・トレー・食器など。

◉ 熱硬化性樹脂
　再加熱してもやわらかくならない性質をもっていることから、半導体関係・自動車部品・二輪車部品などに利用されている。

熱可塑性樹脂　　　　熱硬化性樹脂

分類	種類	単量体	重合	おもな性質	用途例
熱可塑性樹脂	ポリ塩化ビニル	・塩化ビニル	付加重合	・燃えにくい ・耐薬品性に優れる	・水道のパイプ ・消しゴム
	ポリエチレン	・エチレン	付加重合	・強度が大きい ・耐薬品性に優れる	・ポリ袋 ・包装材容器
	ポリスチレン （スチロール樹脂） 発砲させて成形したもの＝発砲ポリスチレン	・スチレン	付加重合	・透明で硬い ・着色しやすい ・保温性に優れる ・衝撃を吸収	・容器 ・文具 ・緩衝材 ・容器
	ポリエチレンテレフタレート（PET）	・エチレングリコール ・テレフタル酸	縮合重合	・軽くて強度が大きい ・透明で気体や液体を通しにくい	・フィルム 飲料用容器 （PETボトル）
熱硬化性樹脂	尿素樹脂 （ユリア樹脂）	・尿素 ・ホルムアルデヒド	縮合重合	・透明で硬い ・着色しやすい ・絶縁性に優れる	・電気器具部品 ・ボタン
	フェノール樹脂	・フェノール ・ホルムアルデヒド	縮合重合	・硬い ・耐熱性に優れる ・絶縁性に優れる	・自動車部品 ・配線基盤
	メラミン樹脂	・メラミン ・ホルムアルデヒド	縮合重合	（尿素樹脂より優れた性質をもつ） ・硬い ・耐熱性に優れる ・絶縁性に優れる	・灰皿 ・食器

プラスチックの性質

　プラスチックは軽くて腐食しにくく、加工・成形や接着が容易で、大量生産できて安価に製造できるという利点があります。その反面、熱に弱く、日光によって変質するという欠点があります。

　しかし、さまざまな研究によりそれらの欠点となる性質が改善され、さらにいろいろな機能を備えたものが開発、製造されるようになってきました。それによって利用される範囲が拡大しています。

プラスチックの燃焼

　ポリエチレンやポリスチレンなどの炭素と水素から成る高分子化合物は、完全燃焼すると**二酸化炭素と水に分解**します。ただ、ポリスチレンのように炭素を多く含む場合は完全燃焼が難しく多量の**すす**が発生します。

　また、ポリ塩化ビニルのように炭素と水素以外の成分を含んでいる場合は二酸化炭素や水以外の物質が生じます。ポリ塩化ビニルの燃焼では塩素を含むために、燃焼すると**有害な塩化水素**が発生します。条件によっては有害なシアン化物なども発生します。

　さらにプラスチックの燃焼では大量の熱が発生するため、この熱によって空気中の窒素から有害な**窒素酸化物**を生成したり、焼却炉を劣化したりするなどの問題も生じます。

💡 プラスチックの構造

　私たちの身の回りにはさまざまなプラスチックが利用されています。プラスチックは合成樹脂ともいわれ、軽くて成形しやすく耐久性に優れているので、従来は金属や木材などによってつくられていたものの多くがプラスチックによってつくられるようになっています。

単量体（モノマー）と重合体（ポリマー）

　プラスチックは、小さな分子が多数結合した極めて大きな分子から成り立っています。このためプラスチックは高分子化合物と呼ばれます。

　高分子化合物をつくるもとになる小さな分子を**単量体（モノマー）**といい、単量体が多数結合することを**重合**、重合によってできた高分子化合物のことを**重合体（ポリマー）**といいます。

　➡ 高分子化合物の原料である単量体には**エチレン**や**プロピレン**などがある。

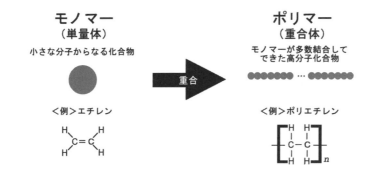

重合の分類

　単量体（モノマー）が結合する重合は、単量体が付け加わるようにそのままつながりあう重合の**「付加重合」**と、単量体から水分子などの小さな分子が取り除かれながらつながりあう重合の**「縮合重合」**の２種類に分類されます。

石油ガスやナフサの熱分解で得られるエチレンやプロピレンは、炭素原子と水素原子から構成されています。

🧹 プラスチックの再利用

　プラスチックの再利用の方法には、新しい製品を作る方法である**「マテリアルリサイクル」**、原料に分解して再利用する方法の**「ケミカルリサイクル」**、そして焼却した時に発生する熱エネルギーを回収して、発電や暖房・温水供給などに利用する方法の**「サーマルリサイクル」**の３つの再利用方法があります。

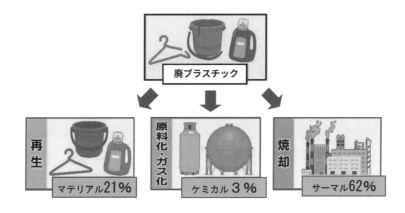

Step｜基礎問題

■ 各問の空欄に当てはまる語句答えなさい。

問1　プラスチックはおもに（　　　　　）を原料につくられる。

問2　プラスチックのおもな原料となるのは、原油から分離された（　　　　）である。

問3　小さな分子が多数結合した極めて大きな分子からなるプラスチックは（　　　　）化合物とも呼ばれる。

問4　プラスチックをつくるもとになる小さな分子のことを（　　　　）［モノマー］という。

問5　小さな分子が多数結合することを（　　　　）という。

問6　重合によってできた高分子化合物のことを（　　　　）［ポリマー］という。

問7　重合には付加重合と（　　　　）という2種類がある。

問8　小さな分子が付け加わるように多数結合することを（　　　　）という。

問9　結合する2つの分子から水分子などの小さな分子が取り除かれながら多数結合することを（　　　　）という。

問10　熱を加えるとやわらかくなり、冷やすと硬くなるプラスチックは（　　　　）樹脂と呼ばれる。

問11　熱を加えると硬くなり、一度硬くなると再加熱してもやわらかくならないプラスチックを（　　　　）樹脂と呼ぶ。

問12　エチレンは（　　　　）重合してポリエチレンになる。

解　答

問1：石油　問2：ナフサ　問3：高分子　問4：単量体　問5：重合　問6：重合体

問7：縮合重合　問8：付加重合　問9：縮合重合　問10：熱可塑性　問11：熱硬化性　問12：付加

問 13　ポリ塩化ビニルは熱（　　　　　）樹脂である。

問 14　（　　　　　）はポリ袋などの包装材としても利用されている。

問 15　PET ボトルの PET とは（　　　　）の略である。

問 16　ポリエチレンは完全燃焼すると（　　　　）と水に分解する。

問 17　ポリ塩化ビニルを燃焼すると有害な（　　　　）を発生する。

問 18　プラスチックの燃焼では大量の（　　　　）が発生する。

問 19　プラスチックの燃焼によって空気中の窒素から有害な（　　　　）が生成したりする。

問 20　プラスチックのリサイクルには（　　　　）リサイクル、ケミカルリサイクル、サーマルリサイクルの３つがある。

解　答

問 13：可塑性　問 14：ポリエチレン　問 15：ポリエチレンテレフタレート　問 16：二酸化炭素

問 17：塩化水素　問 18：熱　問 19：窒素酸化物　問 20：マテリアル

 **Jump｜レベルアップ問題**　　　　（　　）問中（　　）問正解

■ 次の各問いを読み、問1〜5に答えよ。

問1　プラスチックの多くは石油からつくられるが、その際、石油を加熱し、沸点の
　　　　ちがいを利用して、いくつかの成分に分離する必要がある。このような物質の
　　　　分離方法を何というか。適切なものを、次の①〜④のうちから一つ選べ。

〈高認 H. 29-2・改〉

　　　　　① 抽出　　　② ろ過　　　③ 分留（蒸留）　　　④ 再結

問2　プラスチックは何種類かの元素からできている。地球上に約 100 種類ある元
　　　　素のうち、プラスチックに必ず含まれている元素として適切なものを、次の①
　　　　〜④のうちから一つ選べ。〈高認 H. 29-2・改〉
　　　　　① 酸素　　　② 炭素　　　③ 窒素　　　④ フッ素

問3　ポリエチレンテレフタレートやナイロン 66 は縮合重合という反応によってつ
　　　　くられる。この反応を説明した文章として正しいのはどれか、次の①〜④のう
　　　　ちから一つ選べ。〈高認 H. 29-2・改〉
　　　　　① 環状の化合物である単量体の環が切れて、新しい結合を次々に形成してい
　　　　　　く反応。
　　　　　② 単量体から水のような簡単な分子がとれ、新しい結合を次々に形成してい
　　　　　　く反応。
　　　　　③ 単量体の二重結合が切れて、新しい結合を次々に形成していく反応。
　　　　　④ 単量体が陽イオンと陰イオンに分かれ、新しい結合を次々に形成していく
　　　　　　反応。

問4 プラスチックに関する記述として最も適切なものを、次の①〜④のうちから一つ選べ。〈高認 H. 28-1・改〉

① プラスチックには、加熱するとやわらかくなり形がくずれる「熱軟化性樹脂」と、加熱しても変形しない「熱硬化性樹脂」がある。

② プラスチックは、小さな分子（単量体、モノマー）が数多く重合してできた高分子化合物（重合体、ポリマー）である。

③ プラスチックは石油を原料としているので、主に水素、酸素、窒素からできている。

④ プラスチックは軽くて強度が高いが、酸やアルカリと反応してもろくなる。

問5 次の文中の A 、 C に当てはまる語句の組合せとして適切なものを、次の①〜④のうちから一つ選べ。〈高認 H. 28-1・改〉

廃棄されたプラスチックを資源として有効に使うために、3つのリサイクル方法がある。加工して再び製品をつくりなおす A リサイクル、原料の石油に戻して利用する B リサイクル、燃やすことによって燃料として利用する C リサイクルである。

	A	B	C
①	サーマル	マテリアル	ケミカル
②	ケミカル	サーマル	マテリアル
③	マテリアル	サーマル	ケミカル
④	マテリアル	ケミカル	サーマル

🔑 解答・解説

問1：③

混合物を加熱し、沸点の違いを利用していくつかの成分に分離することを分留（蒸留）と言います。したがって、正解は③となります。

問2：②

プラスチックは主に石油を原料として製造される高分子化合物であり、必ず炭素が含まれています。したがって、正解は②となります。

問3：②

縮合重合は単量体から水のような簡単な分子がとれ、新しい結合を次々に形成していく反応です。したがって、正解は②となります。

問4：②

①加熱するとやわらかくなり形がくずれるのは「熱可塑性樹脂」です。③石油は炭化水素が主成分なので主に炭素と水素からできています。④プラスチックは水や薬品に強く、腐蝕しにくい性質をもつため、酸やアルカリに反応してもろくなることはありません。したがって、②が正解となります。

問5：④

加工して再び製品につくりなおすのはマテリアルリサイクル、原料の石油に戻して利用するのはケミカルリサイクル、燃やすことによって燃料として利用するのはサーマルリサイクルです。したがって、正解は④となります。

A-2 金属の種類と性質

金属には5つの大きな特徴があり、その特徴をしっかり押さえましょう。また、金属はその種類ごとに特徴的な性質があり、その製錬方法も異なります。特に銅、鉄、アルミニウムについて具体的に覚えるようにしてください。

金属の種類と性質

金属の単体

金や白金などは自然界に単体として存在していますが、ほとんどの金属は化合物として鉱石の中に含まれています。その鉱石から**製錬**という方法によって金属の単体が取り出されて利用されています。

鉄や銅、アルミニウム以外の金属としては、金、銀、鉛などがあり、**金属以外の物質を非金属**といいます。非金属にはプラスチックやガラス、紙、ゴム、水、酸素などがあります。

金属の特徴

金属には、金、銀、鉛、鉄、銅、アルミニウムなどいろいろな種類がありますが、次のような5つの特徴があります。

まず金属面が放つ光沢の**「金属光沢」**、電気をよく通す**「電気伝導性が高い」**、金属を熱するとその熱が伝わってくるなど**「熱伝導性が高い」**、また金属は薄く広げることができる**「展性」**、力を加え引っ張ると長く延びる**「延性」**がある。

さらに金属の種類ごとに特徴的な性質があり、その性質をうまく生かして私たちの生活に利用されています。

金属の延性と電気伝導性　　熱が伝わりやすい　　金属光沢

069

金属は古くから人類によって利用されていて、現代でも私たちの身の回りになくてはならない材料となっています。

　金属の電気伝導性が高いのは、金属原子の数と同じくらい**自由に動き回ることができる自由電子**を持っているためです。

　また、金属は加熱すると空気中の酸素と結合し、**酸化**します。この酸化はイオン化傾向に影響しており、イオン化傾向の大きいものほど酸化しやすくなります。

≪イオン化傾向の順≫

Al（アルミニウム）＞ Zn（亜鉛）＞ Fe（鉄）＞ Cu（銅）＞ Ag（銀）＞ Au（金）

🔍 銅の性質とその利用

　銅は、非常に古くから青銅として利用されてきた金属で、現在でも広く多くのものに利用されており、生産量・消費量がともに多い金属となります。

≪ 銅の性質 ≫

- ◉ 赤みを帯びた金属光沢をもつ
- ◉ 優れた熱伝導性、電気伝導性をもつ
- ◉ 展性延性に富む
- ◉ 比較的さびにくい
- ◉ 抗菌作用を持つ

銅の製錬法

　黄銅鉱などの銅鉱石を**溶鉱炉**で粗銅にしたのち、電気分解を利用した**電解精錬**によって純銅を得ます。

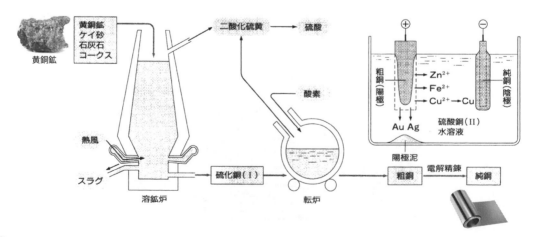

銅のおもな用途

銅は、電線、鍋ややかんなどの調理器具、台所用品、合金として硬貨などに使用されています。

🖋 鉄の性質とその利用

鉄は、銅に次いで古くから利用されてきた金属で、現在最も多く利用されている金属で、地球以外の天体にも存在する金属です。

《 鉄の性質 》

◉ 強度が大きい（純粋な鉄は硬くないが少量の炭素を含む鋼_{はがね}は硬い）
◉ 安価
◉ 磁性をもつ

鉄の製錬法

溶鉱炉に赤鉄鉱などの**鉄鉱石・石灰石・コークス**を投入し、**銑鉄**_{せんてつ}を得ます。そののち、転炉で酸素を吹き込み、不純物を取り除き、少量の炭素を含む**鋼**_{はがね}**（スチール）**を製造します。

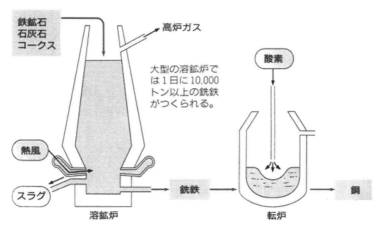

鉄のおもな用途

鉄は、建築材料（鉄筋・鉄骨・橋など）、レール、船や自動車の車体、スチール缶、磁石、合金（ステンレス鋼）として台所用品などに使用されています。

アルミニウムの性質とその利用

アルミニウムは地殻中に成分として大量に存在していますが、多く利用されるようになったのは比較的最近になってからで、非常に軽量で加工しやすい金属です。

≪ アルミニウムの性質 ≫

- ◉ 軽い
- ◉ 加工しやすい
- ◉ 熱伝導性に富む
- ◉ 展性・延性に富む

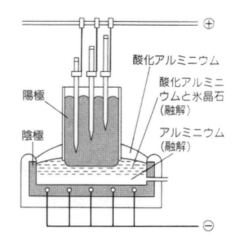

アルミニウムの製錬法

ボーキサイトを酸化アルミニウム（アルミナ）に精製したのち、高温で溶融して電気分解する**融解塩電解**で得ます。このためアルミニウムの製造には大量の電力を必要とします。

アルミニウムのおもな用途

アルミニウムは、建築材料（サッシなど）、鉄道車両、アルミニウム缶、調理器具、アルミニウム箔などに使用されています。

金属の腐食とその防止

特に鉄やアルミニウムは腐食しやすいという性質を持っていますので、耐久性や利便性を高めるためにそれを防ぐ方法が施されます。

腐食

金属は酸化されやすいという性質を持っています。そのため、金属の単体は空気や水に触れると酸化されてさびが生じます。このことを**腐食**といい、金属が腐食すると本来の機能が失われてしまいます。

《 腐食を防止する方法 》

- ◉ 表面に**塗料**を塗る。
- ◉ 表面にガラスによる被膜を焼き付ける**ほうろう**を施す。
- ◉ 表面を別のさびにくい金属で覆う**めっき**をする。
- ◉ 表面に強い**酸化被膜**をつくる。
- ◉ 他の金属を加えて**合金**にする。

腐食を防止する方法として、具体的な事例は以下のようなものがあります。

➡ ・車の車体の塗装
- ・鉄骨の表面に塗料を塗る
- ・ほうろうの鍋
- ・鉄の表面をクロム被膜で覆う**クロムめっき**
- ・鉄を亜鉛でめっきした**トタン**
- ・鉄をスズでめっきした**ブリキ**
- ・アルミニウムの表面を酸化被膜で覆った**アルマイト**
- ・**鉄**に**クロム**や**ニッケル**を加えた**ステンレス鋼**

Step │ 基礎問題

(　) 問中 (　) 問正解

■ 各問の空欄に当てはまる語句答えなさい。

問1　金属をたたいたりして薄く広げることができる性質を（　　　　）という。

問2　金属を飴のように引っ張ると細長く伸びる性質を（　　　　）という。

問3　ほとんどの金属は自然界の中では（　　　　）として存在している。

問4　金属を多く含む岩石を（　　　　）という。

問5　鉱石中から純粋な金属を取り出すことを（　　　　）という。

問6　赤みを帯びた金属光沢をもつ金属は（　　　　）である。

問7　銅は展性や延性に富み、優れた（　　　　）をもつため、電線に利用されている。

問8　銅は（　　　　）作用をもつ性質もあるため、台所用品としても利用されている。

問9　粗銅から（　　　　）精錬によって純銅を得られる。

問10　現在最も多く利用されている金属は（　　　　）である。

問11　鉄は磁石にくっついたり磁石になったりする（　　　　）という性質を持っている。

問12　溶鉱炉で鉄鉱石からつくられるのは（　　　　）である。

🔍 **解　答**

問1：展性　問2：延性　問3：化合物　問4：鉱石　問5：製錬　問6：銅

問7：電気伝導性（伝導性）　問8：抗菌　問9：電解　問10：鉄　問11：磁性　問12：銑鉄

問13　鋼は鉄に少量の（　　　　　）が含まれたものである。

問14　比較的最近になって利用されるようになった（　　　　　）は軽く加工しやすいため、建築材料や調理器具など多岐にわたって利用されている。

問15　アルミニウムは（　　　　　）を原料として製錬されます。

問16　アルミニウムは鉱石から酸化アルミニウムとして取り出したのちに（　　　　　）によって得られる。

問17　アルミニウムを取り出すためには大量の（　　　　　）が必要になる。

問18　金属は一般に（　　　　　）されやすい性質をもっている。

問19　金属がさびることを（　　　　　）という。

問20　鉄にクロムやニッケルを加えて耐腐食性を高めたものが（　　　　　）鋼である。

解　答

問13：炭素　問14：アルミニウム　問15：ボーキサイト　問16：融解塩電解　問17：電力
問18：酸化　問19：腐食　問20：ステンレス

■ 次の各問いを読み、問1〜5に答えよ。

問1　金箔は金属の性質を利用して作られる。これは金属のどのような性質を利用したものか。最も適切なものを、次の①〜④のうちから一つ選べ。
　　　　① 展性　　　② 延性　　　③ 熱伝導性　　　④ 電気伝導性

問2　銀、鉄、銅、金の中で空気中で最もさびやすい金属を、次の①〜④のうちから一つ選べ。
　　　　① 銀　　　② 鉄　　　③ 銅　　　④ 金

問3　ステンレス鋼に含まれている金属の組合せとして正しいものはどれか、次の①〜④のうちから一つ選べ。
　　　　① 銅・クロム・ニッケル
　　　　② 銅・スズ・ニッケル
　　　　③ 鉄・スズ・クロム
　　　　④ 鉄・クロム・ニッケル

鉄は鉱石を原料として、図のような大型の装置により製鉄所などで生産される。鉄の製錬方法や、鉄の性質、用途について問4と問5を答えよ。

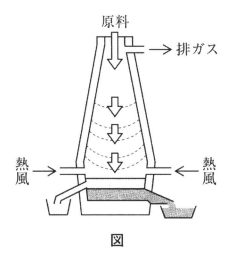

図

問4 図の上部から投入する原料の組合せとして正しいものを、次の①〜④のうちから一つ選べ。

① 鉄鉱石、氷晶石、生石灰

② 鉄鉱石、ボーキサイト、ソーダ石灰

③ 鉄鉱石、コークス、石灰石

④ 鉄鉱石、重曹、生石灰

問5 製鉄において、原料を入れて還元する図のような装置の名称として正しいものを、次の①〜④のうちから一つ選べ。

① 転炉　　② 焼却炉　　③ 原子炉　　④ 溶鉱炉

解答・解説

問1：①

　金箔は、金を微量の銀や銅とともに金槌で叩いてごく薄く伸ばし、箔状態にしたものです。このように金属に圧縮する力を加えることで薄く広がる性質を展性といいます。②の延性は金属に引っ張る力を加えた際、針金状に延ばせる性質です。③の熱伝導性は物質の移動を伴わずに高温側から低温側へ熱が伝わる性質のことです。④の電気伝導性は電流が流れるという性質です。したがって、①が正解となります。

問2：②

　金属のさびは酸化という化学反応により生じます。このとき原子が陽イオンになりやすい金属ほどさびやすいといえます。つまり、イオン化傾向の大きい金属ほどさびやすくなるということです。選択肢の金属のイオン化傾向を比較すると、鉄＞銅＞銀＞金となるので、正解は②となります。

問3：④

　ステンレス鋼は鉄の合金です。ステンレス鋼に含まれている金属は、鉄・クロム・ニッケルです。したがって、正解は④となります。

問4：③

　鉄の製錬には鉄鉱石、コークス、石灰石が用いられます。したがって、正解は③となります。

問5：④

　図のような装置は溶鉱炉と言い、鉄鉱石から銑鉄を取り出すことができます。銑鉄を処理して鋼鉄をつくるものは転炉と言います。したがって、正解は④となります。

A-3 | 資源の再利用

資源の再利用にはリデュース（発生抑制）、リサイクル（再生利用）、リユース（再使用）の３つ方法（３Ｒ）があります。それぞれの内容と、資源の再利用の効果についても押さえておきましょう！

Hop | 重要事項

資源の再利用

プラスチックの原料である石油や金属鉱石などの資源には限りがあり、いくらでも生産できるわけではありません。有限な資源を有効に利用するためには資源の**再利用**が必要となり、再利用を行うことで、原料やエネルギーの節約になります。

ペットボトルの再利用

現在ペットボトルは80％近くが回収され、次のような流れで再利用されています。

分別回収 ➡ 細かく粉砕 ➡ 洗浄 ➡ フレーク ➡ 融解 ➡ 成形 ➡ 容器、衣類など

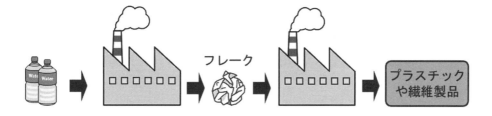

《 再利用による省エネルギー効果 》

物質	減少量
鉄	約65％
アルミニウム	約97％
ガラス	約25％

※ 鉱石を原料に１から作るときに比べて、
　再利用によって新たにつくった場合の
　エネルギーの減少量をあらわしたもの

079

スチール缶の再利用

　現在スチール缶は約 87% が回収されて、次のようにして再利用されています。

分別回収 ➡ プレス処理 ➡ **製鉄所** ➡ **融解** ➡ 工場 ➡ 成形 ➡ スチール缶等

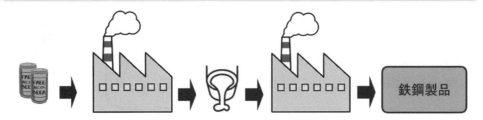

アルミニウム缶の再利用

　アルミニウム缶の再利用には**電気分解の必要がない**ため、生産のための消費エネルギーを大幅に減らすことができます。これはボーキサイトから生産する場合に比べて 3 %のエネルギーしか消費しないという大きな省エネ効果があります。

　現在アルミニウム缶は約 90%が回収されて、次のようにして再利用されています。

分別回収 ➡ プレス処理 ➡ **製錬所** ➡ **融解** ➡ 工場 ➡ 成形 ➡ アルミニウム缶等

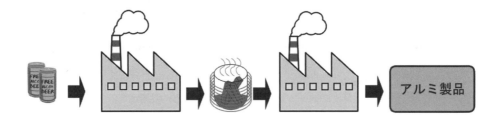

ガラス瓶の再利用

　ビール瓶や牛乳瓶は洗浄・殺菌した後、繰り返し使う**リユース（再使用）**が中心となるが、古くなったものや傷があるものや他のガラス瓶などは**粉砕（カレット）**して、新しい瓶や他のものに作り直される**リサイクル（再生利用）**が行われ、さらにガラスの原料などの資源抑制による**リデュース（発生抑制）**も行われています。

　現在ガラス瓶は、他のものに比べてリユース型（再使用）が多く利用されており、特にビール瓶は**ほぼ100%回収**されて再使用（リユース）されています。

　また、新しいガラス瓶の生産量の約96%がカレットからつくられるリサイクルとなっています。

　このような処理でガラス瓶の再利用となります。

リユース……回収 ➡ 洗浄 ➡ 殺菌 ➡ 再利用

リサイクル …… 分別回収 ➡ 粉砕（カレット）➡ 新しい瓶の製造

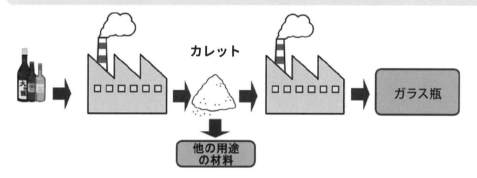

関連用語

◉ カレット …… ガラス瓶を粉砕したものをいう。カレットは、新しい瓶の製造に活用されるが、それ以外に道路の**舗装材**、**住宅用断熱材**など他の用途にも広く利用されている。

Step ｜ 基礎問題

（　　）問中（　　）問正解

■ 各問の空欄に当てはまる語句答えなさい。

問 1　製品となったものを回収して繰り返し利用したり、原料として新しいものにつくり直したりして利用する資源の再利用を（　　　　　）という。

問 2　鉄の省エネルギー効果は約（　　　　　）% 減である。

問 3　アルミニウムの省エネルギー効果は約（　　　　　）%減である。

問 4　ガラスの省エネルギー効果は約（　　　　　）%減である。

問 5　鉄、アルミニウム、ガラスのうち、最も省エネルギー効果が大きいのは（　　　　　）である。

問 6　ペットボトルは（　　　　　）%近くが回収されて再利用されている。

問 7　ペットボトルは回収されると細かく（　　　　　）してから洗浄し、フレークにされて各種製品の原料として再利用される。

問 8　リユースやリサイクル以外に、廃棄物の発生を抑制する（　　　　　）という方法もある。

問 9　スチール缶は約（　　　　　）%が回収されて再利用されている。

問 10　アルミニウム缶は約（　　　　　）%が回収されて再利用されている。

問 11　ビール瓶はほぼ（　　　　　）%が回収されて再利用されている。

問 12　アルミニウム缶の再生産に必要なエネルギーは、ボーキサイトから生産する場合の（　　　　　）%しか必要としない。

🔍 解　答

問 1：リサイクル　問 2：65　問 3：97　問 4：25　問 5：アルミニウム　問 6：80

問 7：粉砕　問 8：リデュース　問 9：87　問 10：90　問 11：100　問 12：3

問13 アルミニウム缶の再生産に必要なエネルギーは、ボーキサイトから生産する場合に比べて大幅に減少させることができるが、それは（　　　　）が必要ないためである。

問14 （　　　　）瓶や牛乳瓶は洗浄して殺菌して再使用されることが中心である。

問15 ビール瓶などのようにそのまま再使用することを（　　　　）という。

問16 ガラス瓶を粉砕したものを（　　　　）という。

問17 ガラスのカレットからつくられるものとして道路の（　　　　）がある。

問18 ガラスのカレットからは住宅用の（　　　　）などもつくられる。

問19 新しいガラス瓶の生産量の約（　　　　）％はカレットを原料に作られている。

問20 分別回収後、製鉄所に送られるのは（　　　　）である。

 解答

問13：電気分解　問14：ビール　問15：リユース　問16：カレット　問17：舗装材
問18：断熱材　問19：96　問20：スチール缶

■ 次の各問いを読み、問1〜5に答えよ。

問1　金属のリサイクルに関する記述として**適切でないもの**を、次の①〜④のうちから一つ選べ。〈高認 H. 29-1・改〉

　　① アルミニウムをリサイクルする方が、鉱石から製錬するよりも多大なエネルギーを節約することができる。

　　② 金属は、加熱融解して再利用されることが多い。

　　③ スチール缶のリサイクル率に比べると、アルミ缶のリサイクル率は極めて低い。

　　④ 携帯電話などの電子機器からは、さまざまなレアメタルが回収される。

問2　リデュース、リユース、リサイクルの3Rのうち、リユースに関する記述として適切なものを、次の①〜④のうちから一つ選べ。〈高認 R. 1-1・改〉

　　① ビール瓶は洗浄した後、さらに殺菌消毒してそのまま使用されている。

　　② 同じ量のアルミニウムは、原料の鉱石から取り出すよりも、回収したアルミ缶を再生する方がエネルギー消費量は少ない。

　　③ 廃棄されても環境を破壊しない生分解性プラスチックが開発されている。

　　④ ごみ焼却場で発生する熱を利用して、温水プール施設をつくる。

問3　分別回収後、古くなったものや傷のあるものは粉砕して、それを原料に住宅用断熱材などを生産するものとして適切なものを、次の①〜④のうちから一つ選べ。

　　① ペットボトル

　　② スチール缶

　　③ ガラス瓶

　　④ アルミニウム缶

問4　次の表は再利用（リサイクル）による省エネルギー効果を示したものである。
　　　 A と B に当てはまる組合せとして適切なものを、次の①〜④のうちから一つ選べ。

物質	減少量
A	約25%
B	約65%
アルミニウム	約97%

	A	B
①	ガラス	鉄
②	ペットボトル	ガラス
③	鉄	ガラス
④	ペットボトル	鉄

問5　分別回収後、細かく粉砕したのち、それを原料に衣類や容器などを生産するものとして適切なものを、次の①〜④のうちから一つ選べ。
　　　① ペットボトル　　② アルミニウム缶　　③ ガラス瓶　　④ スチール缶

解答・解説

問1：③

①アルミニウムをリサイクルする方が、鉱石から製錬するよりも約97％の省エネ効果があります。②スチール缶やアルミ缶などの金属は、加熱融解してリサイクルされます。④携帯電話などの電子機器からは、さまざまなレアメタル（希少な金属）が回収されます。③金属のリサイクルについてはアルミ缶の方がスチール缶よりもリサイクル率が高くなっていますが、近年のリサイクル率の差はごくわずかであると言えます。したがって、正解は③となります。

問2：①

リユースとは再使用という意味です。ビール瓶や牛乳瓶は洗浄・殺菌した後、繰り返し使います。古くなったものや傷があるもの、他のガラス瓶などは粉砕して新しい瓶や他のものに作り直されていますが、こちらはリサイクルになります。したがって、正解は①となります。

問3：③

分別回収によって回収され、住宅用断熱材などの生産原料となるのはガラス瓶です。しがって、正解は③となります。

問4：①

省エネルギー効果が最も高いのはアルミニウムで約97％、鉄では65％、ガラスで約25％の効果になっています。したがって、正解は①となります。

問5：①

分別回収によって回収され、衣類や容器などの生産原料となるものはペットボトルです。したがって、正解は①となります。

B-1 天然繊維の性質とその用途

ここでは、植物繊維の綿と麻、動物繊維の絹と羊毛の各繊維の主成分と構造、そして各繊維のポイントとなる性質についてしっかり押さえるようにしましょう！

Hop │ 重要事項

私たちの日常生活において欠かすことのできないもの、それが繊維です。繊維は衣類はもちろん、布団やクッション、テーブルクロスなど、さまざまなものに使用されています。

繊維の分類

繊維は「**天然繊維**」と「**化学繊維**」の大きく 2 つに分けられます。さらに天然繊維は「植物繊維」と「動物繊維」に、化学繊維は「合成繊維」「再生繊維」「半合成繊維」に分類されます。

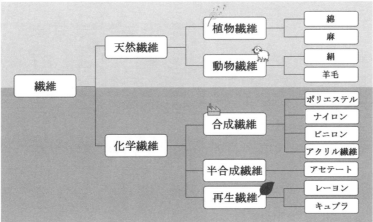

天然繊維

天然繊維は、綿や麻など植物由来の**植物繊維**とカイコのマユの糸や動物の毛からつくる**動物繊維**の 2 つに分けられます。

また、天然繊維である綿や麻、カイコのマユの糸や羊毛などは天然の**高分子化合物**（分子量の大きい化合物）でできています。

関連用語

◉ 高分子化合物…… 分子量が約 1 万以上の非常に大きな分子からなる化合物のことをいう

087

植物繊維

　植物繊維には、綿花の種子のまわりについている綿毛から得られる繊維の「**綿（木綿）**」、亜麻や苧麻の茎や葉の繊維の「**麻**」などがあります。

綿

　綿は非常に古くから用いられている天然繊維で、綿花の種子の周りの毛を紡いで綿糸がつくられます。

綿花　　綿の断面

中空構造

【主成分・構造】
・**セルロース**（炭水化物）・**中空構造**

◉ 綿の性質
　・吸湿性・吸水性に優れる　　・酸には弱いがアルカリに強い
　・耐熱性は比較的高い　　　　・保温性・保湿性が高い
　・肌触りがよく涼しい　　　　・強度が大きい
　・染料に染まりやすい　　　　・縮みやすい
　・シワになりやすい　　　　　・長時間日光にあたると黄変しやすい
◉ 綿の用途
　肌着、シャツ、シーツ、日常着、タオルなど

麻

　麻は天然繊維のなかでもっとも涼しい繊維といわれ、温度や湿度の高い季節に適した繊維です。麻は非常に古い繊維で、特に亜麻は人類が用いた最古の繊維とされています。

亜麻（リネン）　　麻の生地

【主成分，構造】
・**セルロース**（炭水化物）・**中空構造**

◉ 麻の性質
　・吸湿性・吸水性に優れる　　・強度が大きい
　・水に濡れると強くなる　　　・シワになりやすい
　・通気性が良い　　　　　　　・繊維が硬い
　・摩擦で毛羽立ちやすい　　　・保湿に乏しい
　・濃い色は白けやすい
◉ 麻の用途
　夏用和洋服（シャツ、ワンピース、着物など）

🔍 動物繊維

動物繊維には、カイコのマユの糸から得られる繊維の「**絹**」、羊の体毛から得られる繊維の「**羊毛**」などがあります。

絹

絹はカイコがつくるマユの糸からできるもので、非常に細く長いマユの糸を束ねて生糸が生産されます。

カイコのマユ

【主成分】

・**フィブロイン**（タンパク質）

> ◎ 絹の性質
> - ・優雅な光沢をもつ
> - ・肌触りが良い
> - ・静電気が起こりにくい
> - ・酸やアルカリに弱い
> - ・鮮やかな色ほど色落ちしやすい
> - ・害虫を受けやすい
>
> - ・強度が大きい
> - ・保温性、保湿性、発散性に優れている
> - ・シミになりやすい
> - ・水に濡れると縮みやすい
> - ・熱に弱い
> - ・長時間日光にあたると黄変しやすい
>
> ◎ 綿の用途
> 高級和洋服、ネクタイ、ブラウス、スカーフなど

羊毛

羊毛は羊の体毛を刈り取り，それを紡いで繊維にしたものである。羊毛（ウール）を顕微鏡で確認すると表面には、人の髪の毛にもみられるキューティクルのようなものが見られます。

羊毛の表面

【主成分】

・**ケラチン**（タンパク質）－らせん構造

> ◎ 羊毛の性質
> - ・高い吸湿性を示す
> - ・繊維の太さが平均して細い
> - ・伸縮性に優れる
> - ・水をはじきやすい
> - ・シワになりにくい
> - ・虫がつきやすい
>
> - ・保温性が高い
> - ・規則正しい縮れが数多くある
> - ・弾力性がある
> - ・酸には比較的強いがアルカリに弱い
> - ・型崩れしにくい
> - ・縮みやすい
>
> ◎ 羊毛の用途
> 冬物衣類、セーター、毛布など

各繊維の燃焼の違い

植物繊維	綿	（炭水化物）セルロース	植物繊維は紙（ paper ）の燃焼に似ている。（紙の原料とほぼ同様なことから）
	麻	（炭水化物）セルロース	
動物繊維	絹	（タンパク質）フィブロイン	動物繊維は髪（ hair ）の燃焼に似ている。 人の髪（タンパク質）と同様な燃え方。
	羊毛	（タンパク質）ケラチン	

![Step] 基礎問題

■ 各問の空欄に当てはまる語句をそれぞれ①～③のうちから一つずつ選びなさい。

問1　自然の材料を利用した繊維を（　　　　）繊維という。

問2　綿は（　　　　）の種子の周りの毛から得られる繊維である。

問3　（　　　　）などの茎や葉から得られる繊維が「麻」である。

問4　綿と麻は（　　　　）繊維と呼ばれる。

問5　カイコのマユの糸から得られる繊維は（　　　　）である。

問6　絹や羊毛は（　　　　）繊維と呼ばれる。

問7　綿の主成分は（　　　　）である。

問8　麻の主成分は（　　　　）である。

問9　羊毛の主成分は（　　　　）である。

問10　絹の主成分のフィブロインは（　　　　）である。

問11　綿の繊維は（　　　　）構造をもっている。

問12　繊維は大きく天然繊維と（　　　　）繊維に分類される。

問13　天然繊維は植物繊維と（　　　　）繊維に分類される。

問14　化学繊維は（　　　　）繊維、半合成繊維、再生繊維に分類される。

問15　（　　　　）は通気性が良い繊維である。

🔍 解答

問1：天然　問2：綿花　問3：亜麻　問4：植物　問5：絹　問6：動物　問8：セルロース

問7：セルロース　問9：ケラチン　問10：タンパク質　問11：中空　問12：化学

問13：動物　問14：合成　問15：麻

問 16　動物繊維である（　　　　）は、高い保温性と弾力性があり、伸縮性に優れている。

問 17　麻の主成分はセルロースで、構造は（　　　　）構造である。

問 18　絹は優雅な（　　　　）をもっている。

問 19　肌着として利用されやすいのは（　　　　）である。

問 20　セーターとして利用されやすいのは（　　　　）である。

 答

問16：羊毛　問17：中空　問18：光沢　問19：綿　問20：羊毛

Jump｜レベルアップ問題

■ 次の各問いを読み、問1〜5に答えよ。

問1　天然繊維とその主成分の組合せとして適切なものを、次の①〜④のうちから一つ選べ。〈高認 H. 30-2・改〉

	天然繊維	主成分
①	羊毛	フィブロイン
②	羊毛	ケラチン
③	絹	セルロース
④	絹	デンプン

問2　絹について述べた文として適切なものを、次の①〜④のうちから一つ選べ。

〈高認 H. 28-2・改〉

① 独特な光沢を持ち、肌触りがよいので、和服、スカーフなどに用いられる。
② 毛髪や爪と同じ成分であるケラチンでできている。
③ 酸やアルカリなどの薬品に強く、染色性がよい。
④ 繊維の断面は丸く、側面はうろこ状になっている。

問3　生糸から作られる絹や、ヒツジの毛から作られる羊毛のように、自然から得られる物質をもとに作られ、化学的な加工を加えていないものを天然繊維という。
　　　天然繊維について述べた文として適切なものを、次の①〜④のうちから一つ選べ。

〈高認 H. 28-2・改〉

① 天然繊維のうち、植物繊維は主にタンパク質でできている。
② 天然繊維のうち、動物繊維は主にセルロースでできている。
③ レーヨンは、木材から作られる天然繊維である。
④ 天然繊維は、高分子化合物でできている。

問4　天然繊維について説明する次の文中の　D　、　E　に入る語句の組合せとして適切なものを、下の①～④のうちから一つ選べ。

> 天然繊維のうち、主成分がタンパク質である　D　は、比較的酸に強くアルカリには弱い。一方、　E　の主成分はセルロースであり、吸湿性に富む。また、アルカリに強いので洗濯では傷みにくい。

	D	E
①	木綿	羊毛・絹
②	木綿・絹	羊毛
③	羊毛・絹	木綿
④	羊毛	木綿・絹

問5　動物繊維に関する記述として適切なものを、次の①～④のうちから一つ選べ。

〈高認 R. 1-1・改〉

① 羊毛はタンパク質が主成分で、燃焼させると特有のにおいを発生しながらちぢれる。

② 羊毛は断面が三角形で表面には光沢があり、和服やネクタイなどによく使用される。

③ 絹の繊維は電子顕微鏡で観察すると、表面がうろこ状になっていることがわかる。

④ 絹の生地は酸やアルカリに対して強く、染料によって染色されにくい。

解答・解説

問1：②

　羊毛の主成分はケラチン、絹の主成分はフィブロインです。このような動物繊維の主成分はいずれもタンパク質になります。一方、セルロースは木綿のような植物繊維の主成分になります。したがって、②が正解となります。

問2：①

　絹は独特の光沢をもち、肌触りが良いので和服やスカーフなどに用いられます。主成分はフィブロインと呼ばれるタンパク質で、酸やアルカリに弱い性質をもちます。したがって、正解は①となります。

問3：④

　植物繊維の主成分はセルロース、動物繊維の主成分はタンパク質です。また、レーヨンは絹に似せてつくられた再生繊維ですから天然繊維ではなく化学繊維です。したがって、正解は④となります。

問4：③

　羊毛と絹は、動物由来の繊維で、タンパク質を主成分としています。これに対して、木綿は植物由来の繊維で、セルロースを主成分としています。よってDには「羊毛・絹」、Eには「木綿」が入ります。したがって、正解は③となります。

問5：①

　②表面に光沢があり、和服やネクタイなどによく使用されるのは絹です。③繊維の表面がうろこ状になっているのは羊毛の特徴です。④絹の主成分はフィブロインと呼ばれるタンパク質なので、酸やアルカリに弱い性質をもちます。したがって、正解は①となります。

B-2 化学繊維の性質とその用途

化学繊維は、合成繊維、再生繊維、半合成繊維と3つに分類されます。これは繊維をつくる原料とその工程の違いにより分かれています。これら各分類にどのような繊維があるのか、しっかり押さえてください。

Hop｜重要事項

化学繊維

　化学繊維には、おもに石油を原料として化学的に合成して作られる高分子からなる「**合成繊維**」、天然繊維などから精製された「**再生繊維**」、そして天然の高分子を原料として化学的に合成した「**半合成繊維**」があります。

　化学繊維は、天然繊維に似た性質をもつ繊維を人工的に量産する目的で開発されました。低コストで耐久性や強度が高く、染色がしやすいなどの利用しやすい特徴があります。

合成繊維

　合成繊維は、おもに石油を原料にして化学的に合成して作られる繊維です。代表的なものとして「**ポリエステル**」、「**ナイロン**」「**ビニロン**」「**アクリル繊維**」などがあります。

　1935年にアメリカのカロザースによって発明されたナイロン（ナイロン66）が世界で最初の合成繊維で、それ以降、さまざまな合成繊維が発明され、多く利用されるようになりました。

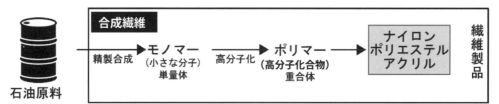

ナイロン66の開発により、1940年に販売がはじまった安価で丈夫なナイロンストッキングは爆発的ヒット商品になりました。

ポリエステル

　ポリエステルは，**現在日本で作られている合成繊維の中で、最も多く生産されています**。ポリエステルは合成繊維本来の機能性に**綿のような風合い**をもっているので、衣類用途に向いた利用しやすい繊維です。なお、主に衣料用に利用されているポリエステルをポリエチレンテレフタレートといいます。

◉ ポリエステルの性質
- シワになりにくい
- ナイロンに次ぐ強度をもつ
- 比較的熱に強い
- 酸やアルカリに強い
- 静電気が起きやすい
- 毛玉ができやすい
- 型崩れしにくい
- 摩耗に強く耐久性がある
- 乾きが速い
- 吸湿性が少ない
- 汚れが落ちにくい

◉ ポリエステルの用途
ワイシャツ、ブラウス、スポーツウェア、フリース、裏地、カーテン、カーペットなど

ナイロン

　ナイロンは合成繊維の中で最も長い歴史をもっている繊維です。成分上は**絹に最も近い合成繊維**といわれています。なお、おもに衣料用に利用されているナイロンはナイロン66とナイロン6と呼ばれているものです。

ナイロン繊維

◉ ナイロンの性質
- シワになりにくい
- 摩耗に強く耐久性がある
- 乾きが速い
- 薬品・カビ・害虫に強い
- 静電気が起きやすい
- 強い強度をもつ
- 汚れが落ちやすい
- 酸やアルカリに強い
- 吸湿性が少ない
- 型崩れしやすい

◉ ナイロンの用途
ウィンドブレーカー、ストッキング、水着、スポーツウェア、裏地など

アクリル繊維

アクリル繊維

アクリル繊維は合成繊維の中では最も羊毛に似て、ふんわりと柔らかく、暖かみのある肌触りが特徴の繊維です。

- アクリル繊維の性質
  - ・保温性・弾力性に優れる　　・発色性が高い
  - ・シワになりにくい　　　　　・強い強度をもつ
  - ・耐光性に優れる　　　　　　・乾きが速い
  - ・酸やアルカリに強い　　　　・薬品・カビ・害虫に強い
  - ・吸湿性が少ない　　　　　　・静電気が起きやすい
  - ・汚れがつきやすい
- アクリル繊維の用途
  冬物衣料、セーター、毛糸、毛布、カーペット、ぬいぐるみなど

半合成繊維

　半合成繊維とは、木材パルプの天然のセルロース成分に酢酸を作用させ、化学的な処理を経て作られた繊維です。代表的なものとして「**アセテート**」などがあります。　アセテートなどは天然のセルロースをもとに化学的な処理より作られることから半合成繊維となります。

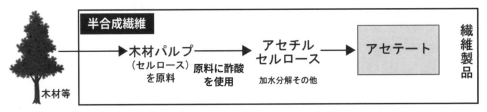

アセテート

　アセテートは、シルクのような光沢感と上品さをもち、色の仕上がりがよく、ブラウスやスカートなどに広く利用されます。レーヨンやキュプラと比較し、毛のようなふっくらとした風合いがあります。

🔮 再生繊維

　再生繊維とは、木材のパルプなどの天然のセルロースを原料に化学的な処理によって溶解し、繊維にしたものです。代表的なものとして、木材パルプを原料とする「**レーヨン**」と、綿花を原料とする「**キュプラ**」があります。

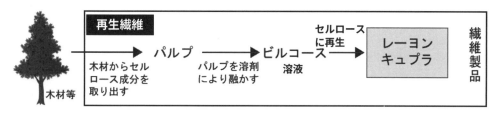

レーヨン

　レーヨンは、シルクのような肌触りのよさが最も大きな特徴になります。レーヨンはおもにブラウス、シャツ、パジャマ、裏地などに使われ、軽量さと柔らかさがあります。

キュプラ

　レーヨンに似た素材で、スーツの裏地に良く利用されています。

Step | 基礎問題

■ 各問の空欄に当てはまる語句を答えなさい。

問 1　化学的な反応をもとに人工的につくられる繊維を（　　　　）繊維という。

問 2　天然繊維を再生した繊維を（　　　　）繊維という。

問 3　天然の高分子を原料として化学的に合成した繊維を（　　　　）繊維という。

問 4　世界最初の合成繊維は（　　　　）である。

問 5　ナイロンはアメリカの（　　　　）によって発明された。

問 6　現在日本でつくられている合成繊維の中で（　　　　）は最も多く生産されている。

問 7　ポリエチレンテレフタラートは（　　　　）の一種である。

問 8　ストッキングに使われやすいのは（　　　　）である。

問 9　半合成繊維として代表的な繊維は（　　　　）である。

問 10　再生繊維として代表的な繊維はキュプラと（　　　　）である。

問 11　ワイシャツに使われやすいのは（　　　　）である。

問 12　最も羊毛と似ている合成繊維は（　　　　）繊維である。

問 13　化学繊維は再生繊維、半合成繊維、（　　　　）の 3 つに分類される。

問 14　アクリル繊維は羊毛に比べて虫がつき（　　　　）という性質がある。

解 答

問 1：化学　問 2：再生　問 3：半合成　問 4：ナイロン　問 5：カロザース

問 6：ポリエステル　問 7：ポリエステル　問 8：ナイロン　問 9：アセテート　問 10：レーヨン

問 11：ポリエステル　問 12：アクリル　問 13：合成繊維　問 14：にくい

問 15 毛布に使われやすい合成繊維は（　　　　　）繊維である。

問 16 保温性・弾力性に優れている合成繊維は（　　　　　）繊維である。

問 17 合成繊維には（　　　　　）、ナイロン、ビニロン、アクリル繊維がある。

問 18 絹に最も近いといわれる合成繊維は（　　　　　）である。

問 19 ナイロンでおもに衣料用に利用されているのは（　　　　　）とナイロン６である。

問 20 暖かみのある肌触りをもっている合成繊維は（　　　　　）繊維である。

 答

問15：アクリル　問16：アクリル　問17：ポリエステル　問18：ナイロン
問19：ナイロン６６　問20：アクリル

（　　）問中（　　）問正解

■ 次の各問いを読み、問1〜5に答えよ。

問1　1935年に世界最初の合成繊維がアメリカで発明され、ストッキングなどの材料として使われた。この繊維として正しいものを、次の①〜④のうちから一つ選べ。〈高認 H. 28-2・改〉

　　① アクリル
　　② アセテート
　　③ ビニロン
　　④ ナイロン66

問2　合成繊維について述べた文として適切なものを、次の①〜④のうちから一つ選べ。〈高認 H. 28-2・改〉

　　① 合成繊維の原料になる小さな分子をポリマーという。
　　② 合成繊維は、主に石油を原料に作られている。
　　③ 合成繊維と再生繊維、動物繊維をまとめて化学繊維という。
　　④ 合成繊維は、全て付加重合により合成される。

問3　植物の実や木材から得られる繊維を一度適当な溶媒に溶かしたのち、改めて繊維として再生させるものを再生繊維という。このような製法でつくられる再生繊維を、次の①〜④のうちから一つ選べ。〈高認 H. 30-2・改〉

　　① レーヨン
　　② ポリエステル
　　③ アクリル
　　④ 麻

問4　化学繊維は、再生繊維、半合成繊維、合成繊維に分類される。化学繊維の種類
　　　とその分類、性質や用途の組合せとして適切なものを、次の①〜④のうちから
　　　一つ選べ。〈高認 R.1-1・改〉

	繊維の種類	繊維の分類	性質や用途
①	レーヨン	再生繊維	静電気を発生しにくく、服の裏地に使用される。
②	ポリエステル	再生繊維	吸湿性が高く、しわになりやすい。
③	アクリル	半合成繊維	絹のような光沢があり、肌触りが良い。
④	アセテート	合成繊維	羊毛に似ており、セーターなどに使用される。

問5　繊維の原料の一つであるポリエチレンテレフタレートに関する記述として適切
　　　なものを、次の①〜④のうちから一つ選べ。〈高認 R.1-1・改〉
　　　① 吸水性に優れており、乾きにくい。
　　　② アクリル繊維の一種である。
　　　③ 再利用されていない。
　　　④ 飲料用容器の原料としても使用されている。

解答・解説

問1：④

　1935年にアメリカのカロザースによって発明されたナイロン（ナイロン66）が世界で最初の合成繊維です。それ以降さまざまな合成繊維が発明され、数多く利用されています。したがって，正解は④となります。

問2：②

　①モノマーとよばれる小さな分子が多数結合したものをポリマーと言います。③化学繊維には再生繊維、半合成繊維、合成繊維があります。④ナイロンやポリエステルなどは縮合重合により合成されます。したがって、正解は②となります。

問3：①

　①のレーヨンは植物繊維の主成分であるセルロースを加工してつくられる再生繊維で、絹に似た光沢・肌触りをもちます。②、③は石油を原料とする合成繊維、④は植物繊維になります。したがって、正解は①となります。

問4：①

　②ポリエステルは再生繊維ではなく合成繊維で、吸湿性が低くしわになりにくい素材です。③アクリルは半合成繊維ではなく合成繊維で、羊毛に近い風合いがあります。④アセテートは合成繊維ではなく半合成繊維で、光沢がありしわになりにくい素材です。したがって、正解は①となります。

問5：④

　ポリエチレンテレフタレートはペットボトルの原料である他にポリエステルの一種として合成繊維としても利用されています。吸湿性が悪くしわになりにくい繊維ですが、リサイクルが盛んに行われるようになりました。したがって、④が正解となります。

B-3 食品中の主な成分とその性質

栄養素に関する内容は出題頻度の高い単元となります。特に三大栄養素である炭水化物、タンパク質、脂質については、その構造と消化吸収の流れをしっかり押さえるようにしましょう！

Hop | 重要事項

食べ物に含まれるいろいろな物質のうち、日常生活を営むため身体に必要な成分を**栄養素**といいます。栄養素には、脳や筋肉、細胞にとって重要なエネルギー源となる「**炭水化物**」、筋肉や内臓、皮膚、髪の毛など体をつくる「**たんぱく質**」、生命活動のエネルギー源であり、体の細胞膜や神経組織をつくる「**脂質**」があり、これらを**三大栄養素**と呼んでいます。

また、三大栄養素に「**ビタミン**」と「**ミネラル（無機質）**」を加えて**五大栄養素**と呼びます。

区　分		栄養素	役　割
五大栄養素	三大栄養素	炭水化物	脳や体を動かす重要なエネルギー源
		タンパク質	体の組織をつくるもとになる
		脂質	生命活動のエネルギー源など
		ビタミン	代謝を円滑に進める働きをする
		ミネラル	体の構造材料として組織をつくる

炭水化物

炭水化物は、**炭素（C）・水素（H）・酸素（O）の３種類の元素からなる化合物**で、米や小麦などの穀類、いも類、砂糖などに多く含まれている。炭水化物は、グルコース（ブドウ糖）などの**単糖類**、単糖類２分子が結合したマルトース（麦芽糖）などの**二糖類**、多数の単糖類が結合したデンプンなどの**多糖類**に分類される。

炭水化物には、デンプン、糖、食物繊維の３つの種類があり、デンプンは植物の光合成により生成された穀類やいも類などに含まれています。

炭水化物の吸収と貯蔵

炭水化物であるデンプン（多糖類）は、だ液に含まれる**消化酵素（アミラーゼ）**により、**二糖類のマルトースに分解され**ます。さらに、すい臓から分泌される**消化酵素（マルターゼ）**で、最終的に**グルコース（ブドウ糖）**に分解され、小腸から吸収され、血液中に取り込まれます。

グルコースはエネルギーとして消費され、消費されなかったものは**肝臓にグリコーゲンとして貯蔵**されます。

炭水化物（デンプン）／口腔／胃／小腸／肝臓

【糖の分類】

	名称	加水分解生成物	還元反応	ヨウ素デンプン反応	含まれるもの
単糖類	グルコース（ブドウ糖）	×	○	×	果物、はちみつ
	フルクトース（果糖）				
二糖類	マルトース	ブドウ糖＋ブドウ糖	○	×	水あめ
	スクロース（ショ糖）	ブドウ糖＋果糖	×	×	サトウキビ
多糖類	デンプン	ブドウ糖	×	青紫色	ジャガイモ、米
	セルロース	ブドウ糖	×	×	綿花、麻

デンプンの検出反応

・ヨウ素デンプン反応

　食品中にデンプンが含まれているかどうかを確認するにはヨウ素デンプン反応が用いられます。ヨウ素ヨウ化カリウム水溶液を滴下して青紫色を示すとデンプンが含まれていることがわかります。

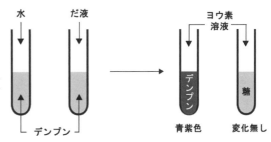

糖の検出反応

・フェーリング反応

　フェーリング反応とは、糖類とフェーリング液を合わせて加熱すると、赤色の沈殿物が生じることで、糖類を検出する反応のことです。

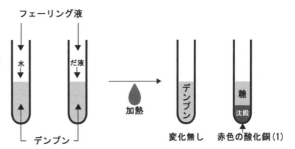

・ベネディクト反応

　ベネディクト反応とは、糖類とベネディクト液を合わせて加熱すると、ベネディクト液に含まれる硫酸銅が糖に作用し、赤褐色の酸化銅（I）が生じる反応です。

🔦タンパク質

タンパク質の構造

　肉類や魚類、豆類に多く含まれているタンパク質は、**多数のアミノ酸がペプチド結合によって結合した高分子化合物**です。アミノ酸は主に**炭素（C）、水素（H）、酸素（O）と窒素（N）**からなる化合物で、硫黄（S）を含む場合もあります。

　アミノ酸は1つの炭素原子に、カルボキシ基とアミノ基の両方が結合している分子です。

$$H_2N - \overset{\overset{R}{|}}{\underset{\underset{H}{|}}{C}} - COOH$$

アミノ基　　　カルボキシ基

　アミノ酸が結合するとき、水分子が出来て結合します。この結合をペプチド結合といいます。

ペプチド結合

107

アミノ酸

　タンパク質を構成するアミノ酸は 20 種類あります。そのうち人体で合成できないため食品から取り入れる必要があるアミノ酸を**必須アミノ酸**といい、9 種類あります。タンパク質は体内で分解され、アミノ酸になって吸収されます。

　吸収されたアミノ酸はエネルギー源として利用されるほか、体をつくるタンパク質に合成されます。

タンパク質の吸収と貯蔵

　食物中のタンパク質は、体内に入るとアミノ酸に分解されて小腸から取り込まれます。これが血液によって各細胞に運ばれ、やがて人体に必要なタンパク質として再合成されます。

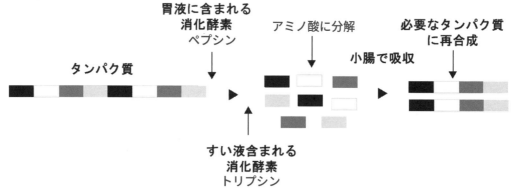

タンパク質の変性

　タンパク質を加熱したり、酸やアルカリなどを加えたりすることにより、タンパク質の構造が変化して元の状態に戻らなくなる。これをタンパク質の**変性**といいます。

> ◉ タンパク質の変性の具体例
> 　ゆで卵、卵焼き、ヨーグルトなど

タンパク質やアミノ酸の検出反応

・ビウレット反応

　ビウレット反応とは、水酸化ナトリウム水溶液と少量の硫酸銅（Ⅱ）水溶液を加えたときに赤紫色になることで、タンパク質を検出する反応をいいます。

・ニンヒドリン反応

　ニンヒドリン反応とは、ニンヒドリン溶液を加えて加熱したとき赤紫色になることで、アミノ酸を検出する反応をいいます。

・キサントプロテイン反応

　キサントプロテイン反応とは、タンパク質を含む溶液に濃硝酸を加えて加熱すると黄色になり、アンモニアでアルカリ性にすると橙黄色になることで、タンパク質を検出する方法をいいます。

💡 脂質

脂質の構造

　脂質の代表的なものとして油脂があります。バターなどの固形のものを脂肪、サラダ油などの液体のものを脂肪油という。**炭素（C）と水素（H）と酸素（O）**からなる化合物の油脂は**グリセリンと3つの脂肪酸が結合した構造**をしています。

　脂肪酸にはいろいろな種類があり、その種類の違いで油脂の性質が異なります。

油脂の吸収と貯蔵

　油脂は体内で分解され、脂肪酸とグリセリンになって吸収されます。吸収された脂肪酸とグリセリンは体内で再び油脂に合成されて脂肪組織に貯蔵されます。蓄えられた油脂は必要に応じてエネルギー源として使われます。

油脂の分解

　油脂は水酸化ナトリウムとともに加熱すると、脂肪酸ナトリウム（**セッケン**）とグリセリンに分解されます。この反応を**けん化**といいます。

> 油脂から生じるエネルギーは、同じ量の炭水化物やタンパク質から生じるエネルギーの2倍以上になります。

食品添加物

　食品を保存したり、製造、加工のために加えたりする物質を**食品添加物**といいます。腐敗を防ぐための保存料、見た目をよくするための着色料など様々なものが使われています。

　日本では**食品衛生法**という法律によって使用できる食品添加物の種類や量が決められています。加えて原則として使用している食品添加物の種類と用途を表示しなければいけないことになっています。

【主な食品添加物の種類】

用途	種類	おもな物質名	食品例
色	着色料	食用赤色2号、β - カロテン	漬物、菓子
	発色剤	亜硝酸ナトリウム、硝酸カリウム	ハム、ソーセージ
	漂白剤	亜硫酸ナトリウム、二酸化硫黄	かんぴょう、寒天
味	甘味料	アスパルテーム、サッカリン	清涼飲料水、菓子
	酸味料	クエン酸、乳酸、二酸化炭素	清涼飲料水、菓子
	調味料	L－グルタミン酸ナトリウム	一般食品
香り	香料	酢酸エチル、ピペロナール	菓子
舌触り	増粘安定剤	アルギン酸ナトリウム	かまぼこ、アイスクリーム
	乳化剤	グリセリン脂肪酸エステル	アイスクリーム、チーズ
変質防止	保存料	ソルビン酸、プロピオン酸	しょうゆ、味噌
	防カビ剤	チアペンダゾール、オルトフェニルフェノール	レモン、オレンジ
	酸化防止剤	ジブチルヒドロキシトルエン	バター、魚肉製品
	殺菌料	次亜塩素酸ナトリウム	加工助剤として

Step | 基礎問題

■ 各問の空欄に当てはまる語句をそれぞれ①～③のうちから一つずつ選びなさい。

問1　食品中の成分のうち最も重要な成分は（　　　）と（　　　）と（　　　）の3つである。

問2　デンプンの栄養成分は（　　　）である。

問3　肉類や魚類に多く含まれている成分は（　　　）である。

問4　バターやサラダ油などに多く含まれている成分は（　　　）である。

問5　小麦に多く含まれている成分は（　　　）である。

問6　豆類に多く含まれている成分は（　　　）である。

問7　炭水化物は（　　　）種類の元素からなる化合物である。

問8　窒素を含む重要な栄養成分は（　　　）である。

問9　グルコースは（　　　）糖類である。

問10　マルトースは（　　　）糖類である。

問11　デンプンは（　　　）糖類である。

問12　炭水化物は消化酵素によって最終的に（　　　）に分解されてから吸収される。

問13　グルコースは体内で（　　　）に合成されて肝臓などに貯蔵される。

問14　デンプンは（　　　）に分解されて吸収される。

解答

問1：炭水化物・タンパク質・脂質　問2：炭水化物　問3：タンパク質　問4：脂質

問5：炭水化物　問6：タンパク質　問7：3　問8：タンパク質　問9：単　問10：二

問11：多　問12：グルコース（ブドウ糖）　問13：グリコーゲン　問14：グルコース（ブドウ糖）

問15　デンプンの検出反応を（　　　　）という。

問16　タンパク質は多数の（　　　　）が結合した高分子化合物である。

問17　アミノ酸どうしは（　　　　）によって結合している。

問18　食品から取り入れなければならないアミノ酸を（　　　　）という。

問19　タンパク質の検出反応を（　　　　）という。

問20　油脂は（　　　　）と（　　　　）に分解されて体内に吸収される

 解答

問15：ヨウ素デンプン反応　問16：アミノ酸　問17：ペプチド結合　問18：必須アミノ酸

問19：ビウレット反応又はキサントプロテイン反応　問20：グリセリン・脂肪酸

Jump｜レベルアップ問題

■ 次の各問いを読み、問1〜5に答えよ。

問1　デンプンに関する記述として適切なものを、次の①〜④のうちから一つ選べ。

① デンプンは、だ液の中に多く含まれるアミラーゼにより、単糖類のマルトースになる。

② デンプンは炭水化物とも呼ばれ、主な成分元素は酸素、水素、窒素である。

③ デンプンにアミラーゼを加え、十分に反応させたのちヨウ素ヨウ化カリウム水溶液を加えると鮮やかな紫色になる。

④ 多糖類であるデンプンは、マルトースを経て小腸でグルコースになり、エネルギーとして使われる。

問2　米やパンなど主食に含まれる栄養素が消化吸収されるとき、次の文中の　E　〜　G　に入る語句の組合せとして適切なものを、次の①〜④のうちから一つ選べ。

> この栄養素は消化酵素によって　E　にまで分解され、　F　で吸収されてエネルギー源になるが、すぐに使われる必要のないものは　G　に蓄えられる。

	E	F	G
①	アミノ酸	胃	肝臓
②	グルコース	胃	筋肉
③	グルコース	小腸	肝臓
④	アミノ酸	小腸	筋肉

問3　タンパク質の構造や性質に関する記述として適切なものを、次の①〜④のうちから一つ選べ。

① アミノ酸が多数つながった高分子化合物

② 分解されてモノグリセリドと脂肪酸になる。

③ 胃や腸で分解され、グリコーゲンとして貯蔵される。

④ 物理的性質や化学的性質は、熱や酸により影響を受けない。

問4　脂質（油脂）を体内で分解する酵素であるリパーゼに関する記述として適切なものを、次の①〜④のうちから一つ選べ。

① 主に口の中でははたらき、脂質だけでなくタンパク質も分解する。

② 胃の中のような強い酸性の条件の下でよくはたらく。

③ 主にすい液の中に含まれている。

④ この酵素により分解されて生じた物質は、吸収されずに体外へ排出される。

問5　オリーブ油やバターに含まれる栄養素についての記述として**適切でないもの**を、次の①〜④のうちから一つ選べ。

① 常温で固体のものは脂肪と呼ばれ、常温で液体のものは脂肪油と呼ばれる。

② 体内で吸収されて、主に筋肉や骨などのからだの組織をつくる。

③ 体内で酵素のはたらきにより、モノグリセリドと脂肪酸に分解される。

④ 水酸化ナトリウムを加えて分解すると、セッケンが生じる。

解答・解説

問1：④

①マルトースは二糖類です。②炭水化物の成分元素は、酸素、水素、炭素です。③デンプンはアミラーゼによって分解されマルトース（糖）が生成されているのでヨウ素デンプン
反応は起きません。したがって、正解は④となります。

問2：③

米やパンに含まれる栄養素は炭水化物です。炭水化物は消化酵素によってグルコースに分解され、小腸で吸収されてエネルギー源となりますが、すぐに使われる必要のないものは肝臓に蓄えられます。したがって、正解は③となります。

問3：①

タンパク質はアミノ酸が多数結合してできた高分子化合物です。また、タンパク質は熱や酸により変成して、性質の異なる物質に変化する性質をもちます。②は脂質、③は炭水化物についての説明です。したがって、正解は①となります。

問4：③

酵素とはタンパク質を主成分としてできた化学反応を促進する物質で、特定の物質に作用する基質特異性をもっています。リパーゼは脂質を分解する消化酵素で、主にすい液の中に含まれており、多くの生物の体内で脂質の代謝に関与しています。また、②の特徴をもつものはタンパク質を分解するペプシンです。したがって、正解は③となります。

問5：②

①③④いずれも脂質に関し適切な説明内容になっていますが、②はタンパク質に関する説明です。したがって、正解は②となります。

第3章
生命の科学

A-1 血糖の流れとホルモン

炭水化物はグルコース（ブドウ糖）に分解され、どのように体内の中を流れているのか、さらに血糖濃度の調整にはどのようなホルモンが作用しているかをシッカリ押さえましょう！

Hop ｜ 重要事項

血糖の流れとホルモン

炭水化物の消化と吸収

炭水化物であるデンプン（多糖類）は、だ液に含まれる**消化酵素（アミラーゼ）**により、二糖類のマルトースに分解されます。さらに、すい臓から分泌される**消化酵素（マルターゼ）**で、**最終的にグルコース（ブドウ糖）に分解**されて小腸から吸収され、血液中に取り込まれます。

グルコースはエネルギーとして消費され、消費されなかったものは**肝臓にグリコーゲンとして貯蔵**されます。

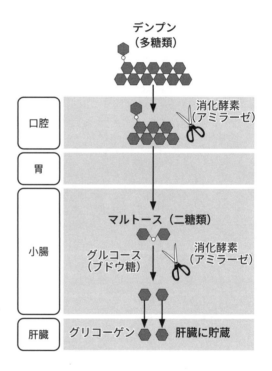

血糖濃度

血液中のグルコース濃度を**血糖濃度**といい、血糖濃度を測定した値を**血糖値**といいます。血糖濃度は、ヒトの空腹時で血液 1dl（100ml）当たり約 80 ～ 100 ㎎で、一定の範囲に収まるように保たれています。この正常な範囲より血糖濃度が高い状態を「高血糖」、低い状態を「低血糖」といいます。

血糖値が常に高い状態にあると、血液が濃くなり、糖尿病や心筋梗塞・肝硬変といった病気に罹患しやすくなります。反対に、血糖値が 60 ㎎/dl 以下の低血糖となると、頭痛や吐き気、めまい、さらに進むと昏睡状態に陥るなどの危険な状態になる場合もあります。

≪ グルコース（ブドウ糖）の体内での流れ ≫

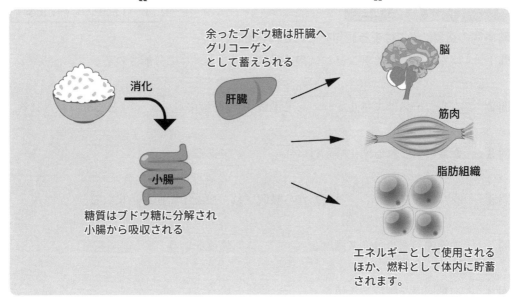

血糖濃度の調節

　空腹時や摂食時には、血糖濃度を一定の範囲に維持するため、**すい臓から分泌される**血糖調節ホルモンの**インスリン**と**グルカゴン**によって調節されています。

> 空腹（血糖の降下） → グルカゴンの分泌 → 血糖の上昇

　血糖濃度が低下すると、すい臓から**グルカゴン**という**ホルモンが分泌**されます。グルカゴンは、肝臓に貯められたグリコーゲンを分解して、グルコース（ブドウ糖）にもどし、血液中に放出させて血糖値を上昇させます。

> 摂食（血糖の上昇） → インスリンの分泌 → 血糖の降下

　摂食すると、一時的に血液中の血糖値が上がり、高血糖の状態になります。すい臓からインスリンを分泌することで、グルコース（ブドウ糖）の貯蔵や脂肪への転換を促進させて、血糖値を降下させます。

血糖濃度による病気

　インスリンの作用が十分でないため、ブドウ糖を筋肉や脂肪に取り込ませる作用が低下した場合や、インスリンの分泌が少なくなることにより、**血糖値が常に高い状態になる病気を糖尿病**といいます。遺伝的な体質や年齢、また運動不足、肥満、ストレスなどの生活習慣などの要因により発症するといわれています。

Step｜基礎問題

■ 各問の空欄に当てはまる語句をそれぞれ答えなさい。

問1　炭水化物であるデンプンは最終的に（　　　　）に分解される。

問2　グルコースはエネルギーとして消費され、肝臓に（　　　　）として貯蔵される。

問3　だ液に含まれる消化酵素は（　　　　）である。

問4　グルコースは（　　　　）から吸収され、血液中に運び込まれる。

問5　血液中のグルコース濃度を（　　　　）濃度をいう。

問6　血糖濃度を測定した値を（　　　　）という。

問7　正常な範囲より血糖濃度が高い状態を（　　　　）という。

問8　正常な範囲より血糖濃度が低い状態を（　　　　）という。

問9　グルコースは肝臓で蓄えられるほか、（　　　　）、筋肉、脂肪組織などエネルギーとして消費する。

問10　血糖濃度は主に（　　　　）から分泌されるホルモンによって調整される。

問11　血糖調整ホルモンは（　　　　）と（　　　　）である。

問12　血糖濃度が高いときは、（　　　　）の分泌により、血糖の降下がおこる。

解答

問1：グルコース　問2：グリコーゲン　問3：アミラーゼ　問4：小腸　問5：血糖

問6：血糖値　問7：高血糖　問8：低血糖　　問9：脳　問10：すい臓

問11：インスリン・グルカゴン　問12：インスリン

問 13　血糖濃度が低いときは、（　　　　　　）の分泌により、血糖の上昇がおこる。

問 14　血糖値が常に高い状態となる病気を（　　　　　）という。

問 15　グルカゴンは、肝臓に貯められた（　　　　　）を分解して、（　　　　　）に戻し、血液中に放出させて血糖値を上昇させる。

解　答

問13：グルカゴン　問14：糖尿病　問15：グリコーゲン・グルコース

■ 次の問いを読み、問1〜問5に答えよ。

問1　次の文は血糖量の調節とホルモンの関係について述べたものである。次の空欄 ア に入る物質名として適切なものを、次の①〜④のうちから一つ　選べ

> 血液中に含まれる ア の量を血糖量という。その値は血液 100ml 中に約 100 mg程度で、すい臓から分泌される血糖量を上げるホルモンと下げるホルモンなどの働きで、ほぼ一定に調整されている。

① アミノ酸　　② グリコーゲン　　③ タンパク質　　④ グルコース

問2　すい臓から分泌される血糖量を上げるホルモンと下げるホルモンの組合せとして適切なものを、次の①〜⑤のうちから一つ選べ。

	血糖値を上げるホルモン	血糖値を下げるホルモン
①	インスリン	アドレナリン
②	グルカゴン	チロキシン
③	インスリン	グルカゴン
④	グルカゴン	インスリン
⑤	チロキシン	インスリン

問3　次の文章はヒトの血糖量の調整について説明したものである。文章中の空欄に
　　　入る語句の組合せとして適切なものを、次の①〜④のうちから一つ選べ。

> 　ヒトの血糖量はほぼ一定に維持されている。血糖量が著しく減少すると、
> 意識障害を起こすことがある。逆に、血糖量が増加すると、腎臓でのグルコー
> スの再吸収の能力を超えて、尿水にグルコースが排出されることがある。
> 　食後は、一時的に血糖量は増加するが、約1〜2時間すると減少し平常値
> に戻る。これはすい臓で分泌された　ク　のはたらきにより、　ケ　からで
> ある。

　　　　ク　　　　　　ケ
① インスリン　　小腸でのグルコースの吸収が促進された
② インスリン　　血液中のグルコースが肝臓や筋肉に取り込まれた
③ グルカゴン　　小腸でのグルコースの吸収が促進された
④ グルカゴン　　血液中のグルコースが肝臓や筋肉に取り込まれた

問4　次の文章を読み、□□□に入る適切な語句を、次の①〜④のうちから一つ選べ。

> 炭水化物であるデンプンは消化酵素により分解されて小腸で吸収され、血液中
> に取り込まれます。その後、エネルギーとして消費され、消費されなかったも
> のは肝臓に□□□として貯蔵されます。

① アミノ酸　　② グリセリン　　③ グルコース　　④ グリコーゲン

問5　インスリンの作用が十分でないため、ブドウ糖を筋肉や脂肪に取り込ませる作
　　　用が低下した場合や、インスリンの分泌が少なくなることにより発症する病気
　　　として最も適切なものを、次の①〜④のうちから一つ選べ。
① 脳梗塞　　② 痛風　　③ 糖尿病　　④ がん

> 解答・解説

問1：④

　血糖量とは血液中に含まれるグルコース（ブドウ糖）の量のことです。したがって、正解は④となります。

問2：④

　すい臓から分泌されるホルモンのうち、血糖値を上げるホルモンはグルカゴンで、血糖値を下げるホルモンはインスリンです。したがって、正しい組合せは④となります。

問3：②

　血糖量が増加するとインスリンというホルモンが分泌され、血液中のグルコースを肝臓や筋肉に取り込んで血糖量を減少させます。グルカゴンは血糖量を増加させるはたらきをもつホルモンです。したがって、正しい組合せは②となります。

問4：④

　炭水化物であるデンプン（多糖類）は、最終的にグルコース（ブドウ糖）に分解されて小腸から吸収され、血液中に取り込まれます。そして、グルコースはエネルギーとして消費され、消費されなかったものは肝臓にグリコーゲンとして貯蔵されます。したがって、正解は④となります。

問5：③

　インスリンの分泌が少なくなることにより、血糖値が常に高い状態になる病気を糖尿病といいます。したがって、正解は③となります。

A-2 遺伝子とDNA

遺伝情報をもっているDNAについて、その構造や基本構成について押さえるようにしましょう。また体内でタンパク質が合成される際のRNAのはたらきについても合わせて押さえておきましょう！

Hop | 重要事項

 遺伝子とDNA

親から子供どもへ、また細胞分裂の際に細胞から細胞へ伝えられる情報を**遺伝情報**といい、この**遺伝情報を受け持つのが遺伝子**で、ヒトには約3万個の遺伝子があると考えられています。

人間の身体は、「細胞」という基本単位からなっており、この細胞の**「核」**と呼ばれる部分に**「染色体」**があり、この中の**DNA（デオキシリボ核酸）**が遺伝子としてはたらいています。

DNAの構造

細い糸状で、ヒトの場合は1つの核内のDNAをすべてつなぐと2mほどの長さになり、太さは約2㎚（ナノメートル＝100万分の1㎜）となります。

構造は、はしごをひねったような形（**二重らせん構造**）をしていて、染色体の中に折りたたまれて入っています。

DNAは、塩基、糖、リン酸が**それぞれ1分子ずつ結合した基本単位（ヌクレオチド）**からなり、基本単位が鎖（ヌクレオチド鎖）のように繰り返し並んでいます。塩基には、アデニン（A）・チミン（T）・グアニン（G）・シトシン（C）の4種類があり、その塩基配列が遺伝情報を担っています。

DNAと遺伝子の関係

DNAには遺伝情報をもっている部分ともっていない部分があり、**遺伝情報をもっているDNAのことを遺伝子**といいます。遺伝子としてはたらく部分は全DNAに対して約1.5%で、塩基配列のほとんどの部分は遺伝子としてはたらいていません。

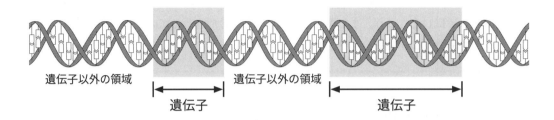

遺伝子以外の領域　　遺伝子以外の領域

遺伝子　　　　　　遺伝子

🖋 いろいろなタンパク質

タンパク質は生物の主要な構成成分で、私たちの体を構成している細胞膜等の膜構造、筋肉、皮膚、酵素など、さまざまなタンパク質があります。

タンパク質とは、**多数のアミノ酸が結合したもの**です。構成するアミノ酸には20種類のものがあります。その中には体内で合成できず、食べ物から摂取しなければならないアミノ酸が9種類あり、これを**必須アミノ酸**といいます。

体内で合成されるタンパク質

生物の形質は、おもにタンパク質によって発現します。**DNAの塩基配列（遺伝子）**に従って**各種のタンパク質が合成**されます。**結合するアミノ酸の種類と並び方によって**異なる種類となります。

DNAとRNA

タンパク質は核外で合成されます。そのためにDNAの遺伝情報を核外へ伝えるものが必要で、その役割を担うのが**RNA（リボ核酸）**です。

《　RNAとDNAの違い　》

◉ RNAはヌクレオチド鎖で構成される（1本のみ）
◉ RNAの糖はリボース
◉ RNAの塩基はチミン（T）の代わりにウラシル（U）が用いられる

転写と翻訳

　タンパク質の合成は、DNA の塩基配列から**写し取られた（転写）**RNA をもとにして**（翻訳）**、アミノ酸が次々と結合され、タンパク質が合成されます。

◉ **転写** …… 合成するタンパク質の遺伝情報の DNA の塩基配列を RNA に写し取ります。この DNA の塩基配列を写し取って、他に伝える RNA を、特に**mRNA**〔伝令（メッセンジャー）RNA〕とよびます。

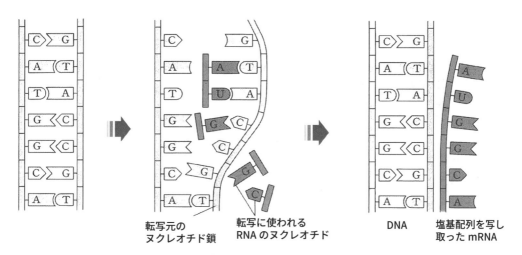

転写元の
ヌクレオチド鎖

転写に使われる
RNA のヌクレオチド

DNA

塩基配列を写し
取った mRNA

遺伝子としてはたらく部分の塩基対の結合が離れ、離れた塩基部分に塩基の相補性にしたがって、当該の塩基をもつ mRNA のヌクレオチドが結合していき、ヌクレオチド鎖をつくっていく。

DNA は元に戻り、塩基配列を写し取った mRNA は核外に出てタンパク質合成の場に移動する。

◉ **翻訳** …… mRNA は、写し取った塩基配列にしたがってアミノ酸を結合します。このとき塩基3つの配列で1つのアミノ酸を指定し、次々と変換されていくことを翻訳といいます。

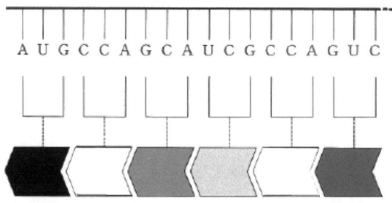

Step ｜ 基礎問題

■ 各問の空欄に当てはまる語句を答えなさい。

問1　遺伝子の本体は（　　　　）である。

問2　DNA の構造は（　　　　）構造である。

問3　DNA の構成単位は（　　　　）である。

問4　DNA の塩基は（　　　　）種類ある。

問5　ヌクレオチドどうしが多数結合して、鎖状になったものを（　　　　）という。

問6　DNA の塩基配列が（　　　　）としてはたらく。

問7　DNA の塩基配列のうち遺伝子としてはたらく部分は全体の約（　　　　）% である。

問8　膜構造や筋肉、酵素等の主要な構成成分は（　　　　）である。

問9　生物の形質はおもに（　　　　）によって発現する。

問10　タンパク質は（　　　　）が多数結合したものである。

問11　アミノ酸の種類は（　　　　）種類ある。

問12　（　　　　）は DNA の遺伝情報を他に伝える。

問13　RNA は（　　　　）核酸ともいう。

解　答

問1：DNA　問2：二重らせん　問3：ヌクレオチド　問4：4　問5：ヌクレオチド鎖

問6：遺伝子（遺伝情報）　問7：1.5　問8：タンパク質　問9：タンパク質

問10：アミノ酸　11：20　問12：RNA　問13：リボ

問 14　RNA の基本構成は DNA と同様に（　　　　）から成り立っている。

問 15　RNA は DNA と異なり、ヌクレオチド鎖が（　　　　）本だけとなっている。

問 16　タンパク質は（　　　　）の遺伝情報をもとに合成される。

問 17　DNA の塩基配列を写し取って他に伝える RNA を特に（　　　　）という。

問 18　DNA の塩基配列を写し取ることを（　　　　）という。

問 19　mRNA の写し取った塩基配列をもとに特性の（　　　　）を結合していく。

問 20　写し取った塩基配列に従ってアミノ酸を結合していくことを（　　　　）という。

🔍 **解　答**

問14：ヌクレオチド　問15：1　問16：DNA　問17：mRNA（メッセンジャーRNA）
問18：転写　問19：アミノ酸　問20：翻訳

■ 次の問いを読み、問1〜問5に答えよ。

問1　遺伝子の発現について述べた文章として最も正しいものを、次の①〜④のうちから一つ選べ。〈高認 H. 30-1・改〉

　　　① タンパク質のアミノ酸配列を RNA の塩基配列に写し取ること。

　　　② DNA の遺伝情報を複製すること。

　　　③ 遺伝子がその働きを失うこと。

　　　④ DNA の遺伝情報を基にして、タンパク質を合成すること。

問2　次の文章は、細胞内におけるタンパク質の合成について述べたものである。文章中の空欄　ウ　〜　オ　に入る語句として最も正しいものを、次の①〜④のうちから一つ選べ。

> DNA の遺伝情報に基づいて行われるタンパク質の合成は、　ウ　と　エ　の
> 2つの過程からなる。まず、DNA の塩基配列は、RNA に写し取られるが、この過程は　ウ　と呼ばれる。次に、この RNA の塩基配列に基づいて　オ　が結合することでタンパク質が合成される。この過程は　エ　と呼ばれる。

	ウ	エ	オ
①	転写	翻訳	アミノ酸
②	転写	翻訳	ヌクレオチド
③	複製	転写	アミノ酸
④	複製	転写	ヌクレオチド

問3　DNA の塩基配列を基に RNA に写し取られることを　イ　という。

　　　イ　に入る適切な語句を、一つ選べ。〈高認 R. 4-2・改〉

　　　① 複製　　　② 撮影　　　③ 転写　　　④ 翻訳

問4　膜構造や筋肉、酵素等の主要な構成成分として最も適切なものを、次の①〜④のうちから一つ選べ。

　　①　脂質　　　②　タンパク質　　　③　グルコース　　　④　ビタミン

問5　mRNA は、写し取った塩基配列にしたがって、3 つの塩基が 1 組となって 1 つのアミノ酸を指定する。その過程を何というか、最も適切なものを、次の①〜④のうちから一つ選べ。

　　①　転写　　　②　複製　　　③　複写　　　④　翻訳

問1：④

　遺伝子の発現とは遺伝子がはたらくことであり、それはすなわち DNA の遺伝情報を基にして、タンパク質を合成するという意味合いがあります。したがって、正解は④となります。

問2：①

　タンパク質の合成では、まず、DNA の塩基配列が RNA によって写し取られますが、これを転写と言います。次に、この RNA の塩基配列に基づいてアミノ酸が結合し、タンパク質が合成されます。これを翻訳と言います。したがって、正解は①となります。

問3：③

　DNA の塩基配列が mRNA に写し取られる過程を転写といい、この mRNA の 3 つの塩基が 1 組となって 1 つのアミノ酸を指定する過程を翻訳といいます。したがって、正解は③となります。

問4：②

　生物の主要な構成成分はタンパク質で、体を構成している細胞膜等の膜構造、筋肉、皮膚、酵素などがあります。したがって、正解は②となります。

問5：④

　mRNA は、写し取った塩基配列にしたがってアミノ酸を結合します。このとき塩基 3 つの配列で 1 つのアミノ酸を指定し、次々と変換されていくことを翻訳といいます。したがって、正解は④となります。

A-3 体を守る免疫と視覚と光

さまざまな病原体から身を守るために私たちには免疫があります。その免疫にはどのようなものがあり、どのようなはたらきをするのか、また抗体や予防についても押さえるようにしましょう！

Hop ｜ 重 要 事 項

体を守る免疫

ヒトの体には、さまざまな外的要因から身を守る生体防御のしくみが備わっています。

皮膚や粘膜等による生体防御

皮膚は角質層により病原体が侵入しにくい構造をもち、汗や皮脂などは酸性で微生物の繁殖を妨げる効果があります。また、汗や涙などには細菌の細胞壁を分解する酵素が含まれています。

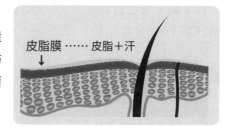

皮脂膜 …… 皮脂＋汗

免疫

白血球のはたらきによってウイルスや細菌などの**病原体を排除する生体防御の仕組みを免疫**といいます。リンパ管やリンパ節、脾臓（ひぞう）や胸腺（きょうせん）などからなる**リンパ系に免疫に関与する白血球が多く存在**します。

白血球

好中球	病原菌や異物を細胞内にとり入れて分解する（食作用又食菌作用）
マクロファージ	
樹状細胞	
リンパ球　B細胞	抗体をつくりだす
リンパ球　T細胞	自らが動き、体の防御

抗原抗体反応と免疫記憶

　体内で免疫反応を引き起こす異物（抗原）があらわれると、樹状細胞が食作用によって抗原を取り込みます。その情報をT細胞に伝え、T細胞がB細胞を活性化させ、**抗体**をつくり、細胞外に抗体を放出します。このときの免疫反応を**一次反応**といいます。

　そして**抗体が抗原と特異的に結合（抗原抗体反応）**し、捕らえられた抗原はマクロファージや好中球の食作用（細胞内に取り入れて分解）によって分解排除されます。

　活性化されたT細胞やB細胞の一部は**抗原情報を記憶した免疫記憶細胞**として体内に残ります。

　一度排除されたものと同じ種類の抗原が再度体内に侵入したときに**免疫記憶細胞**がはたらくことによって、すみやかに**抗原を排除する**免疫反応を**二次応答**といいます。

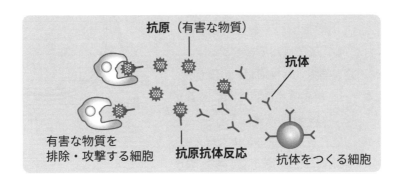

感染症の予防

　人工的に**ワクチン**を接種することで、**免疫記憶細胞や抗体をつくらせることを予防接種**といいます。このとき用いる抗原のワクチンは、毒性を弱めた病原体や無毒化した毒素を使用します（例：はしか、インフルエンザなど）。

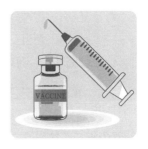

　その他、病原体などに対する抗体を他の動物につくらせて、その血清を注射して病気の治療をすることを**血清療法**といいます（例：破傷風や蛇毒中毒症など）。

免疫反応による問題

　アレルギーとは、本来はたらく必要のないものに過敏に抗原抗体反応が起こり、それによって現れるじんましん、ぜんそく、くしゃみ、鼻水、目のかゆみなどの体に不都合な症状のことです。**アレルギーの原因となる抗原をアレルゲン**といいます。花粉症はアレルギーの1つで、それ以外には重症なアレルギーであるアナフィラキシーなどがあります。

視覚と光

眼球の構造

　ヒトは眼で光を受け取り、脳でまわりの状況を判断しています。ヒトの眼球は球形をしており、強膜で覆われていますが、黒目は透明な角膜で覆われています。眼の構造はカメラの構造と似ています。

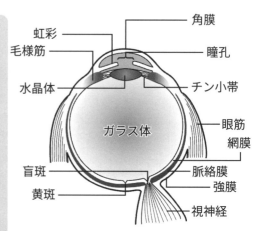

- ◉ **虹彩** …… 眼に入る光量を調節する
- ◉ **チン小帯** …… 毛様筋と水晶体を結ぶ
- ◉ **毛様筋** …… 毛様体にある組織で、収縮したり弛緩したりして水晶体の厚さを調節する
- ◉ **水晶体** …… レンズのはたらきをする
- ◉ **網膜** …… 感覚細胞（＝視細胞）の集まり
- ◉ **ガラス体** …… 水晶体と網膜の間にあるゼリー状の液体
- ◉ **黄斑** …… ここに光が集まるとよく見える。色に対する感度が高い視細胞がここに集中している
- ◉ **盲斑** …… 視神経の束で、視細胞がない（光が当たっても見えない）
- ◉ **視神経** …… 盲斑の部分から外に出る視神経繊維の束

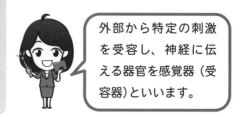

外部から特定の刺激を受容し、神経に伝える器官を感覚器（受容器）といいます。

視覚の生じる仕組み

　光が眼に入ると、瞳孔 → 水晶体 → 網膜の順に進み、網膜の上に像を結びます。ここで視細胞が光を受容します

視細胞 ▶ 信号 ▶ 連絡用の神経細胞 ▶ 視神経繊維 ▶ 視神経 ▶ 脳（情報処理）▶ **視覚**
（光の受容）

関 連 用 語

◉ 視細胞 …… ヒトの眼の網膜には１億個以上の視細胞が並んでいる。視細胞には**錐体細胞**（すい）
と**桿体細胞**（かん）がある

錐体細胞	桿体細胞
黄斑付近に多い	網膜周辺に多い
明るい所ではたらく	暗い所ではたらく
色彩を感じる	明暗のみ感じる

遠近の調節

　レンズの役割をする水晶体の厚みを変えることで対象に焦点を合わせ、網膜上に像を結ばせます。

◉ **近くを見る** …… 毛様筋が収縮 ▶ チン小帯がゆるむ ▶ 水晶体が厚くなる ➡ 近くが見える

◉ **遠くを見る** …… 毛様筋がゆるむ ▶ チン小帯が緊張する ▶ 水晶体が薄くなる ➡ 遠くが見える

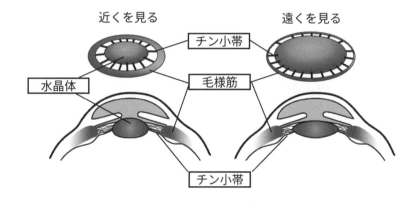

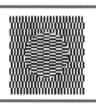

感覚器に異常がないのに事実とは異なる感覚を生じる現象を錯覚といいます。
視覚に関する錯覚を錯視といいます（右図は真ん中が動いているように見えます）。

Step｜基礎問題

■ 各問の空欄に当てはまる語句を答えなさい。

問1　白血球のはたらきによって病原体を排除する生体防御の仕組みを（　　　　）という。

問2　白血球には、（　　　　）、マクロファージ、樹状細胞、（　　　　）という種類がある。

問3　リンパ球には、B細胞と（　　　　）といった種類がある。

問4　体内で免疫反応を引き起こす異物を（　　　　）という。

問5　抗体が抗原と特異的に結合する反応を（　　　　）という。

問6　一度排除されたものと同じ種類の抗原が再度体内に侵入したとき免疫記憶細胞がはたらくことによってすみやかに抗原を排除することを（　　　　）という。

問7　毒性を弱めた病原体や無毒化した毒素を（　　　　）といい、予防接種に利用される。

問8　病原体などに対する抗体を他の動物につくらせて、その血清を利用する治療法を（　　　　）という。

問9　本来はたらく必要のないものに過敏に抗原抗体反応が起こって、じんましんやくしゃみなどの不都合な症状が現れる現象を（　　　　）という。

問10　アレルギーの原因となる抗原を（　　　　）という。

解答
問1：免疫　問2：好中球、リンパ球　問3：T細胞　問4：抗原　問5：抗原抗体反応
問6：二次応答　問7：ワクチン　問8：血清療法　問9：アレルギー　問10：アレルゲン

問 11　重症なアレルギーを（　　　　）という。

問 12　眼は（　　　　）を受容する感覚器官である。

問 13　網膜には（　　　　）があり光を受容している。

問 14　（　　　　）には感度の違う 2 種類の視細胞が存在する。

問 15　網膜にある細胞で、明るい場所で、色に反応するのは（　　　　）である。

問 16　網膜にある細胞で、薄暗い場所で明暗に反応するのは（　　　　）である。

問 17　網膜の中心部は（　　　　）が多い。

問 18　網膜の周辺部には（　　　　）が多い。

問 19　盲斑には（　　　　）がないために光を感じることができない。

問 20　視覚に関する錯覚を（　　　　）という。

解答

問11：アナフィラキシー　問12：光　問13：視細胞　問14：網膜　問15：錐体細胞
問16：桿体細胞　問17：錐体細胞　問18：桿体細胞　問19：視細胞　問20：錯視

 Jump｜レベルアップ問題

(　)問中(　)問正解

■ 次の問いを読み、問1〜問5に答えよ。

問1　次の図は、頭上から見た人の眼球断面図の模式図である。図の A 、 B の名称の組合せとして最も適切なものを、次の①〜④のうちから一つ選べ。

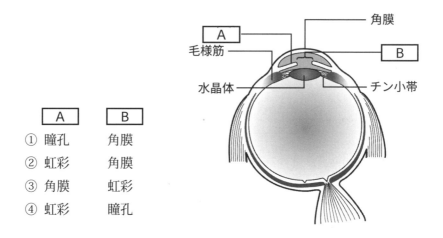

	A	B
①	瞳孔	角膜
②	虹彩	角膜
③	角膜	虹彩
④	虹彩	瞳孔

問2　桿体細胞の説明として**適切でないもの**を、次の①〜④のうちから一つ選べ。
　　　① 盲斑には存在しない。
　　　② 黄斑の中心に多く存在する。
　　　③ 網膜の中にある視細胞の一つである。
　　　④ おもに弱い光のもとではたらき、色の識別はできない。

問3　近くを見るとき、毛様体(筋)とチン小帯、および水晶体の変化の組合せとして適切なものを、次の①〜④のうちから一つ選べ。

	毛様体（筋）	チン小帯	水晶体
①	収縮する	ゆるむ	厚くなる
②	ゆるむ	収縮する	薄くなる
③	ゆるむ	収縮する	厚くなる
④	収縮する	ゆるむ	薄くなる

問4　次の文章は、ヒトにおける異物の排除の仕組みについて説明したものである。文章中の空欄 カ と キ に入る語句の正しい組合せを、次の①〜④のうちから一つ選べ。〈高認 H. 30-1・改〉

> 体内に侵入した異物は、白血球の一種である好中球や カ 、樹状細胞などによって細胞内に取り込まれ、酵素の働きによって消化・分解される。この働きを キ という。

	カ	キ
①	マクロファージ	食作用
②	マクロファージ	抗原抗体反応
③	T細胞	食作用
④	T細胞	抗原抗体反応

問5　次の文章は、感染症の予防や治療について述べたものである。文章中の空欄 コ 〜 シ に入る語句の正しい組合せを、①〜④のうちから一つ選べ。

〈高認 H. 30-1・改〉

> 予防接種は、毒性を弱めた病原体や毒素などの コ を注射するなどして、あらかじめ体内に記憶細胞をつくらせ、病気の発症を防ぐ方法です。このとき用いられる コ をワクチンと呼び、 サ など、多くの病気の予防に用いられている。
> それに対して血清療法は、病原体や毒素に対する シ をウマなどの動物につくらせ、その シ を含む血清を注射して病気を治療する方法である。

	コ	サ	シ
①	抗原	インフルエンザ	抗体
②	抗原	糖尿病	抗体
③	抗体	インフルエンザ	抗原
④	抗体	糖尿病	抗原

解答・解説

問1：④

　Aは虹彩で眼に入る光量を調節します。Bは瞳孔で虹彩によって囲まれた孔です。したがって、正解は④となります。

問2：②

　黄斑に多く存在するのは桿体細胞ではなく色彩に鋭敏な錐体細胞です。したがって、正解は②となります。

問3：①

　近くを見るとき、毛様体は収縮し、チン小帯がゆるむことから水晶体は厚くなります。したがって、正解は①となります。

問4：①

　体内に侵入した異物は、白血球の一種である好中球やマクロファージ、樹状細胞などの食細胞によって細胞内に取り込まれ、酵素の働きによって消化・分解されます。このはたらきを食作用といいます。したがって、正解は①となります。

問5：①

　予防接種はあらかじめ毒性を弱めた抗原を注射することで、体内に記憶細胞をつくらせ、病気の発症を防ぐことができます。インフルエンザなどの予防接種はその例になります。血清療法は病原体や毒素に対する抗体を他の動物の体内でつくらせ、その抗体を含む血清を注射して病気を治療する方法です。したがって、正解は①となります。

B-1 さまざまな微生物

真核生物と原核生物との違い、微生物の原生生物・菌類・細菌・ウィルスとはどのようなものなのか、またそれら微生物を発見した人物とその功績を覚えるようにしましょう！

真核生物と原核生物

　生物は下の図のように真核生物と原核生物の二つに分かれ、真核生物をさらに動物、植物、原生生物、菌類と４つに細分されます。

　原核生物は原始的な細胞核を持つもので、すべて単細胞で細菌およびらん藻に代表される生物です。

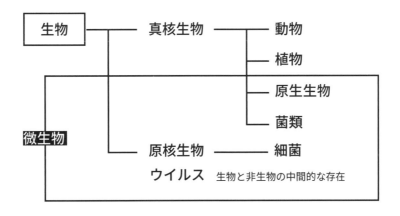

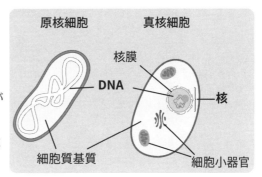

◉ **真核細胞**……核を持ち、核膜内に DNA が存在する
◉ **原核細胞**……核を持たず、DNA は他の部分と仕切られずに存在する

真核生物

原生生物

ゾウリムシ

　ゾウリムシやアメーバなどの原生動物とケイ藻などの単細胞の藻類などがあり、水中や土壌中に棲むもの、動物に寄生するものなどがあります。

菌類

　真核生物で、真核細胞に細胞壁をもち、光合成は行わず養分となる有機物を体の表面から取り入れています。菌類の例として、**アオカビ、酵母菌、コウジカビ**などがあります。

> 📖**参　考**　菌類はさまざまなものに利用されている。
>
> ◎ コウジカビ……清酒、味噌、醤油などの発酵食品をつくるのに利用
>
> ◎ アオカビ………チーズや医薬品をつくるのに利用
>
> ◎ 酵母菌…………パンやビール、ワインの製造に利用

原核生物

細菌（英語：Bacteria バクテリア）

　原核生物は原核細胞をもち、非常に単純な構造をもっています。大きさは約 1~10 μm ほどです。

> 細菌は食品に利用されるものから病原菌までさまざまである。
>
> ◎ 食品に利用されるもの……**乳酸菌、枯草菌**
>
> ◎ 病原体……結核菌、コレラ菌、ピロリ菌
>
> ◎ その他……**大腸菌**（ヒトの体にすむ）、**シアノバクテリア**（光合成を行う）
>
> 　　　　　　窒素固定細菌（空気中の窒素を利用）

🔬 ウイルス

ウイルスは他の微生物と異なり、細胞構造をもたないため生物と無生物の中間的存在といえます。ウイルスは細胞を構成単位としませんが、**遺伝子（DNA・RNA）**を有し、他の**生物の細胞を利用**して増殖します。

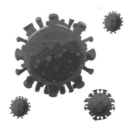

◉ 微生物の大きさ

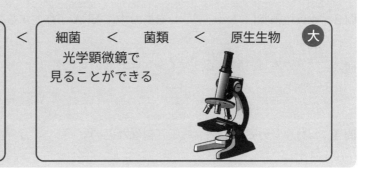

🔬 その他の微生物（古細菌）

古細菌は細菌と似た体のつくりをしていますが、細胞膜の主成分が細菌と異なります。超好熱菌、高度好塩菌、メタン菌などがあります。

【微生物発見の歴史】

◉ **レーウェンフック** …… 自作の顕微鏡を用いて微生物を最初に観察し、微生物の存在を初めて明らかにした。

◉ **コッホ** …… 結核や炭疽などの伝染病は病原性微生物が原因であることを明らかにした。

◉ **パスツール** …… 微生物は自然に発生するものではないことを証明した。

◉ **イワノフスキー** …… 細菌より小さい病原体（後のウィルス）である、たばこモザイク病原体を発見した。

Step｜基礎問題

■ 各問の空欄に当てはまる語句を答えなさい。

問1　核をもたず DNA は他の部分と仕切られずに存在するような細胞を（　　　　　）という。

問2　真核細胞は（　　　　　）をもち中に DNA が存在する。

問3　アオカビ、酵母菌、シイタケなどはいずれも（　　　　　）に分類される生物である。

問4　コウジカビは清酒、味噌、醤油などの（　　　　　）食品をつくるのに利用されている。

問5　生物は、（　　　　　）と原核生物に区分される。

問6　アオカビはチーズや（　　　　　）をつくるのに利用されている。

問7　パンやビール、ワインの製造に利用されているの微生物は（　　　　　）である。

問8　細菌は（　　　　　）生物で非常に単純な構造をもつ。

問9　結核菌、コレラ菌、ピロリ菌はヒトの健康に有害な（　　　　　）である。

問10　細菌の中にはシアノバクテリアのように（　　　　　）を行うものもいる。

問11　（　　　　　）は自作の顕微鏡を用いて、最初に微生物を発見した。

問12　（　　　　　）は他の微生物と異なり、細胞構造をもたないため生物と無生物の中間的存在である。

🔍 解　答

問1：原核細胞　問2：核　問3：菌類　問4：発酵　問5：真核生物　問6：医薬品　問7：酵母菌
問8：原核　問9：細菌　問10：光合成　問11：レーウェンフック　問12：ウイルス

問 13　ウイルスは他の生物の（　　　　　）を利用して増殖できる。

問 14　細菌は（　　　　　）顕微鏡で見ることができるが、ウイルスは見ることができない。

問 15　19 世紀末に（　　　　　）が細菌より小さい病原体（後のウイルス）を発見した。

問 16　ゾウリムシやアメーバ、またケイ藻などの単細胞の藻類などは（　　　　　）という。

問 17　微生物の大きさは、（　　　　　）＜ 細菌　＜（　　　　　）＜　原生生物の順である。

問 18　（　　　　　）は、微生物は自然に発生するものではないことを証明した。

問 19　（　　　　　）は、結核や炭疽などの伝染病は病原性微生物が原因であることを明らかにした。

問 20　微生物である菌類のアオカビやコウジカビは（　　　　　）生物に分類される。

解 答

問 13：細胞　問 14：光学　問 15：イワノフスキー　問 16：原生生物　問 17：ウイルス、菌類

問 18：パスツール　問 19：コッホ　問 20：真核

Jump｜レベルアップ問題

■ 次の問いを読み、問1〜問6に答えよ。

問1　図1の微生物のうち、原核生物の組合せとして正しいものを、次の①〜④のうちから一つ選べ。〈高認 H. 30-2・改〉

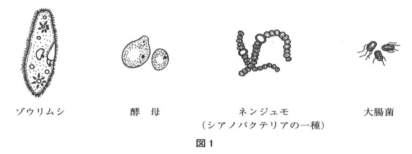

ゾウリムシ　　　　　酵　母　　　　　ネンジュモ　　　　　大腸菌
（シアノバクテリアの一種）

図1

① ゾウリムシ、酵母

② 酵母、ネンジュモ、大腸菌

③ 酵母、大腸菌

④ ネンジュモ、大腸菌

問2　図1のようなゾウリムシのスケッチを描くために、最も適切な観察方法を、次の①〜④のうちから一つ選べ。〈高認 H. 30-2・改〉

① 肉眼で観察する。

② 10倍程度の低倍率のルーペで観察する。

③ 600倍程度の倍率まで備わっている光学顕微鏡で観察する。

④ 電子顕微鏡で10万倍程度の倍率で観察する。

問3　微生物とウイルスを、大きさ順に並べた組合せとして最も適切なものを、次の①〜④のうちから一つ選べ。〈高認 H. 30-2・改〉

	大きさ		
	小 ⟷ 大		
①	大腸菌	酵　母	インフルエンザウイルス
②	酵　母	インフルエンザウイルス	大腸菌
③	インフルエンザウイルス	酵　母	大腸菌
④	インフルエンザウイルス	大腸菌	酵　母

問4　原核生物からなる微生物として最も適切なものを、次の①～④のうちから一つ選べ。〈高認 H. 30-2・改〉

　　　　① 酵母　　　② アメーバ　　　③ 乳酸菌　　　④ ゾウリムシ

問5　19 世紀末、ロシアのイワノフスキーは、たばこモザイク病の病原体が、これまで知られていた細菌と異なる特徴をもっていることを発見し、後のウイルスの発見につながった。ウイルスの説明として**誤っているもの**を、次の①～④のうちから一つ選べ。〈高認 H. 30-2・改〉

　　　　① ウイルスは、細菌よりも極めて微小であり、形状を捉えるためには電子顕微鏡が必要である。

　　　　② ウイルスは、他の生物の細胞内に入り込んで増殖する。

　　　　③ エイズ、はしか、インフルエンザは、ウイルスが原因の感染症である。

　　　　④ ウイルスは、遺伝物質を持っていない。

問6　微生物について研究を行った人物とその業績の組合せとして正しいものを、次の①～④のうちから一つ選べ。〈高認 H. 30-1・改〉

	人　物	業　績
①	レーウェンフック	結核や炭疽などの伝染病は，微生物が原因であることを明らかにした。
②	パスツール	微生物は自然に発生するものではないことを証明した。
③	イワノフスキー	顕微鏡を用いて微生物を最初に観察し，微生物の存在を初めて明らかにした。
④	コッホ	たばこモザイク病原体は，細菌より小さいものであることを示した。

解答・解説

問1：④

　ゾウリムシ、酵母は細胞内に核膜で囲まれた核をもつ真核生物です。一方、ネンジュモ、大腸菌は真核生物のような核を持たない原核生物となります。したがって、正解は④となります。

問2：③

　ゾウリムシの細胞の長さは $90 \sim 150\,\mu m$（$1\,\mu m$ は $0.001\,mm$）程度なので数百倍程度の倍率があれば、細胞の内部構造を観察することができます。したがって、正解は③となります。

問3：④

　インフルエンザウイルスはウイルスの一種、大腸菌は細菌の一種、酵母は単細胞の菌類です。大きさはウイルス＜細菌＜菌類となります。したがって、正解は④となります。

問4：③

　真核をもたない原核細胞からなる微生物は細菌であり、③の乳酸菌が該当します。酵母、アメーバ、ゾウリムシは細菌と同じように単細胞の生物ですが、真核細胞の生物です。したがって、正解は③となります。

問5：④

　ウイルスは細菌よりも極めて微小であるため、電子顕微鏡を使わないと見ることができません。その構造はタンパク質の殻と内部の核酸からできており、他の生物の細胞に入り込んで増殖します。また、エイズ、はしか、インフルエンザはウイルスが原因の感染症です。したがって、誤っているものは④となります。

問6：②

　レーウェンフックは、自作の顕微鏡を用いて微生物を最初に観察し、微生物の存在を初めて明らかにしました。コッホは、結核や炭疽などの伝染病は病原性微生物が原因であることを明らかにしました。パスツールは、微生物は自然に発生するものではないことを証明しました。イワノフスキーは、細菌より小さい病原体（後のウィルス）である、たばこモザイク病原体を発見しました。したがって、正解は②となります。

B-2 微生物の生態系でのはたらき

微生物は有機物を分解して、水を浄化する役割をもっています。分解者としての微生物のはたらきを押さえるようにしましょう!

🖋 水の浄化

生態系における水の浄化

微生物は、海や湖、川の中で有機物を分解し、水を浄化する役割を果たしています。

富栄養化

家庭や工場から出た有機物を多く含む汚水が河川などに大量に流入することによって、水中の**栄養塩類**（硝酸塩やリン酸塩など）が増えることを**富栄養化**といいます。微生物が過剰に繁殖して水中の酸素が足りなくなり、魚介類が生息しにくくなります。

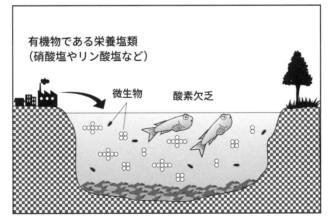

栄養塩類 → 微生物が過剰に繁殖 → 酸素欠乏 → 魚介類が生息しにくい

💧 活性汚泥

　下水処理場では、**活性汚泥**と呼ばれる多様な微生物を多く含む泥を用いて汚水を浄化しています。このような微生物を用いる環境浄化をバイオレメディエーションといいます。**干潟の泥は活性汚泥**と同じはたらきがあり、干潟は水（海水）の浄化の場となっています（干潟は満潮時には海面下で、干潮になると陸地となる砂泥地帯のことです）。

[活性汚泥に含まれる微生物の例]
ボルティケラ（ツリガネムシ）、カルケシウム、マクロビオツス（クマムシ）

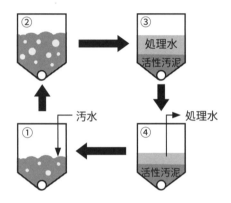

《 下水の処理方法（活性汚泥のしくみ）》

① 汚水を下水処理場に流し入れる。
② 活性汚泥と呼ばれる微生物を入れ、空気
　を流し込み混合（エアレーション）させる。
③活性汚泥を沈殿させる。
④上澄みの水を処理水として流出させる。

152

💡 分解者としての微生物の役割

生態系の中で動植物の死がいや排出物を分解する微生物（菌類・細菌類）は**分解者**と呼ばれ、土や水の中で有機物を分解しています。

💡 微生物と炭素の循環

有機物が分解されてできた**二酸化炭素**は、植物に取り入れられ、光合成によって再び**有機物**になります。

生態系の中では**炭素**が有機物や無機物（CO_2）に形を変えながら循環しています。

生態系は、無機的環境と光合成を行う植物や藻類などの生産者、生産者が合成した有機物を消費する消費者、生産者や消費者の枯死体・遺体・排出物に含まれる有機物を分解する分解者から成り立っています。

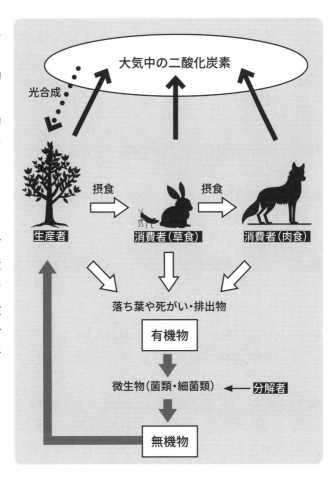

関連用語

◉ 光合成……植物が太陽からの光エネルギーを利用して行う。光エネルギーと無機物である二酸化炭素と水を利用して、酸素と有機物である栄養分（糖）を作り出す。

Step｜基礎問題

■ 各問の空欄に当てはまる語句を答えなさい。

問1　（　　　　　）は、海や湖、川の中で有機物を分解し、水を浄化する役割を果たしている。

問2　家庭や工場から出た有機物を多く含む汚水が河川などに大量に流入すると、水中の（　　　　）が増える。

問3　湖沼や河川などで栄養塩類が増えることを（　　　　）という。

問4　富栄養化になると微生物が過剰に繁殖して水中の（　　　　）が足りなくなり、魚介類が生息しにくくなる。

問5　下水処理場では、（　　　　）と呼ばれる多様な微生物を多く含む泥を用い、汚水を浄化している。

問6　活性汚泥と同じはたらきがあるものに干潟の泥があり、干潟は（　　　　）の浄化の場となっている。

問7　（　　　　）は満潮時には海面下で、干潮になると陸地となる砂泥地帯である。

問8　ボルティケラ（ツリガネムシ）は（　　　　）に含まれる微生物である。

問9　硝酸塩やリン酸塩などは（　　　　）と呼ばれる。

問10　生態系の中では（　　　　）が有機物や無機物に形を変えながら循環している。

問11　生態系の中で動植物の死がいや排出物を分解する生物は（　　　　）と呼ばれる。

解答

問1：微生物　問2：栄養塩類　問3：富栄養化　問4：酸素　問5：活性汚泥
問6：海水(または水)　問7：干潟　問8：活性汚泥　問9：栄養塩類　問10：炭素　問11：分解者

問 12 植物は生態系の中で空気中の（　　　　　　　）を吸収して光合成を行う。

問 13 分解者となる生物はおもに菌類や（　　　　　　）である。

問 14 多くの細菌や菌類は土や水の中で（　　　　　　）を分解している。

問 15 有機物が分解されてできた（　　　　　　）は、植物に取り入れられ、光合成によって再び有機物になる。

 解 答

問12：二酸化炭素　問13：細菌　問14：有機物　問15：二酸化炭素（又は無機物）

■ 次の問いを読み、問1〜問5に答えよ。

問1　海や湖、川の中で有機物を分解し、水を浄化する役割を果たしている生物として適切なものを、次の①〜④のうちから一つ選べ。

　　　　① 魚類　　　② 甲殻類　　　③ 微生物　　　④ ウイルス

問2　家庭や工場から出た有機物を多く含む汚水が河川などに大量に流入すると、水中に増えるものとして適切なものを、次の①〜④のうちから一つ選べ。

　　　　① 栄養塩類　　　② 金属類　　　③ 酸素　　　④ 炭素

問3　河川が富栄養化すると、どのようなことが起こるか。適切なものを、次の①〜④のうちから一つ選べ。

　　　① 微生物が過剰に繁殖して水中の酸素が増え、魚介類が生息しやすくなる。

　　　② 微生物が過剰に繁殖して水中の酸素が足りなくなり、魚介類が生息しにくくなる。

　　　③ 微生物が減少して水中の酸素が足りなくなり、魚介類が生息しやすくなる。

　　　④ 微生物が減少して水中の酸素が増え、魚介類が生息しにくくなる。

問4　下水処理場の活性汚泥と同じはたらきをすることで、水の浄化の役割を担っているものとして適切なものを、次の①〜④のうちから一つ選べ。

　　　　① 砂丘　　　② 干潟　　　③ 港湾　　　④ カルデラ

問5　空気中から植物によって取り入れられ、光合成に利用されることで生態系を循環している物質として適切なものを、次の①〜④のうちから一つ選べ。

　　　　① 酸素　　　② 炭素　　　③ 水素　　　④ ヘリウム

解答・解説

問1：③

　海や湖、川の中で有機物を分解し、水を浄化する役割を果たしているのは微生物です。したがって、正解は③となります。

問2：①

　家庭や工場から出た有機物を多く含む汚水が河川などに大量に流入すると、水中に硝酸塩やリン酸塩などの栄養塩類が増えます。したがって、正解は①となります。

問3：②

　河川が富栄養化すると、微生物が過剰に繁殖して、水中の酸素が足りなくなり、魚介類が生息しにくくなります。したがって、正解は②となります。

問4：②

　下水処理場の活性汚泥と同じはたらきをすることで、水の浄化の役割を担っているのは干潟です。したがって、正解は②となります。

問5：②

　空気中から植物によって取り入れられ、光合成に利用されることで生態系を循環している物質は炭素です。したがって、正解は②となります。

B-3 微生物と人間生活のかかわり

さまざまな発酵食品はどのような微生物を利用し、どのような流れでできるのか、また微生物を利用したさまざまな医薬品について、どのような微生物を活用したのか、など押さえるようにしましょう！

Hop｜重要事項

発酵（アルコール、乳酸）

発酵

微生物のはたらきによって酸素を利用せず有機物が分解される反応を**発酵**といい、広く食品の製造など、人間の生活に利用されています。

アルコール発酵

酵母菌などの微生物が、糖分をエタノールと二酸化炭素に分解するはたらきをアルコール発酵といいます。エタノールはアルコールの一種です。

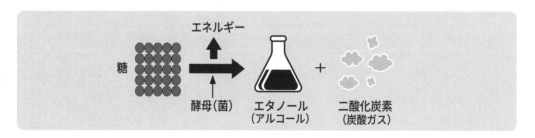

【アルコール発酵の例】

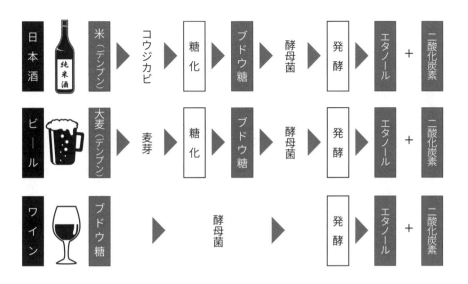

乳酸発酵

乳酸菌によって糖（乳糖）が分解され、乳酸ができるはたらきを乳酸発酵といいます。

酵母菌は菌類の一種、乳酸菌は細菌の一種です。

【乳酸発酵の例】
- **ヨーグルト**……動物の乳に乳酸菌を混ぜると、酸味がでるとともにタンパク質が凝固して作られます
- **糠漬け**（ぬか）……米糠に食塩を混ぜるなどした糠床に野菜（乳酸菌が付着している）を漬け込むことで作られます

チーズやキムチも乳酸発酵食品であり、その他にも乳酸発酵は味噌・しょうゆなどの製造にも役立っています。

💡 いろいろな発酵食品

酒類(アルコール飲料)	ビール、日本酒、ワイン、ウイスキー、みりんなど
大豆発酵食品	味噌、しょうゆ、納豆など
水産発酵食品	かつお節、くさや、塩辛
乳製品	ヨーグルト、チーズ、乳酸菌飲料など
その他	パン、糠漬け、ナタデココ、キムチなど

　味噌・しょうゆ・日本酒などは、コウジカビ・酵母菌・細菌のはたらきを組み合わせてつくった発酵食品です。

　糠漬けは発酵によってつくられますが、梅干しや浅漬けなど、発酵をともなわない漬物もあります。

💡 腐敗

　微生物のはたらきによって、酸素を利用せずタンパク質などの有機窒素化合物が分解されることで悪臭を放ったり**人間に有害な物質**ができたりすることを腐敗といいます。

　腐敗も発酵の一種ですが、日常生活の中では人間に有益なものを**発酵**、そうでない場合を**腐敗**とよびます。

💡 医薬品への利用

常在菌

　日常的に体に生息している微生物を**常在菌**といいます。

　腸内細菌は**腸内フローラ**と呼ばれる腸内環境を形成しています。**ビフィズス菌などの有益菌**と**ウェルシュ菌などの有害菌**が存在します。

> 腸内細菌は、腸に送られてくる物質を分解して得られるエネルギーを使って生きており、その細菌が有用物質の場合は有益菌、有害物質の場合は有害菌という。

ビフィズス菌

抗生物質

　微生物によってつくられる物質のうち、他の微生物の発育を阻害する物質を抗生物質といいます。

> ◉ **ペニシリン** …… 微生物を培養した培地に**青カビ**の周りだけ、微生物の増殖を抑えられたことから 1929 年**フレミング**によって最初の抗生物質としてペニシリンが発見された。感染症の治療薬として用いられる。
>
> ◉ **ストレプトマイシン** …… 1944 年にアメリカの**ワクスマン**が土の中の放線菌からストレプトマイシンが作り出されることを発見した。**結核の治療薬**。

コレステロール合成を阻害する薬

> ◉ **コンパクチン** …… 日本の科学者である**遠藤章**が、青カビの培養液より発見したもので、血液中の**コレステロール値を下げる**作用がある。後継薬の総称はスタチンである。なお、コンパクチンは抗生物質ではなく、コレステロールを阻害する薬である。

ヒトインスリン

　糖尿病の人が血糖値を下げるにはインスリンを注射する必要があります。健康な人から分泌されるインスリンと同じアミノ酸の並び方でつくられたインスリンを、ヒトインスリンといいます。1980 年代からバイオテクノロジーにより遺伝子操作した**大腸菌や酵母菌**を培養することで、微生物を利用した**ヒトインスリンを大量に生産**することが可能になりました。

> ### 関連用語
> ◉ バイオテクノロジー……生物の細胞そのものに手を加えたりして、性質を変える技術。

Step｜基礎問題

(　)問中(　)問正解

■ 各問の空欄に当てはまる語句を答えなさい。

問1　（　　　　　　）は微生物のはたらきによって、酸素を利用せず有機物が分解される反応である。

問2　アルコール発酵は酵母菌などの微生物が糖を（　　　　　　）と二酸化炭素に分解するはたらきである。

問3　オオムギを使った（　　　　　　）はアルコール発酵によってつくられる。

問4　乳酸発酵は（　　　　　　）によって乳糖が分解され、乳酸ができるはたらきである。

問5　味噌、しょうゆ、納豆などは大豆の（　　　　　　）食品である。

問6　微生物のはたらきによって、酸素を利用せずタンパク質などが分解され、悪臭を放ったり人間に有害な物質ができたりすることを（　　　　　　）という。

問7　日常的に体に生息している微生物を（　　　　　　）という。

問8　常在菌にはビフィズス菌などの（　　　　　　）とウェルシュ菌などの有害菌が存在する。

問9　ペニシリンは感染症の治療のための（　　　　　　）である。

問10　ストレプトマイシンは（　　　　　　）の治療薬である。

問11　糖尿病の人が血糖値を下げるには（　　　　　　）を注射する必要がある。

🔍 **解　答**

問1：発酵　問2：エタノール　問3：ビール　問4：乳酸菌　問5：発酵　問6：腐敗

問7：常在菌　問8：有益菌　問9：抗生物質　問10：結核　問11：インスリン

問12　（　　　　　）とは、生物の細胞そのものに手を加えたりして性質を変える技術である。

問13　1980年代からバイオテクノロジーの応用により微生物である大腸菌を利用した（　　　　　）を大量に生産することが可能になった。

問14　（　　　　　）は腸に送られてくる物質を分解して得られるエネルギーを使って生きている。

問15　最初の抗生物質は1929年に（　　　　　）が発見したペニシリンである。

 解　答

問12：バイオテクノロジー　問13：ヒトインスリン　問14：腸内細菌　問15：フレミング

■ 次の問いを読み、問1〜問7に答えよ。

問1　コウジカビ、酵母、乳酸菌のすべてを利用して製造される発酵食品として最も適切なものを、次の①〜④のうちから一つ選べ。〈高認 H.30-1・改〉

①　みそ　　　　②　漬け物　　　　③　チーズ　　　　④　かつお節

問2　1929年にイギリスのフレミングがある微生物から、感染症治療に劇的な効果があるペニシリンを発見したが、ある微生物とはなにか。適切なものを、次の①〜④のうちから一つ選べ。〈高認 H.28-1・改〉

①　納豆菌　　　　②　アオカビ　　　　③　コウジカビ　　　　④　酵母菌

問3　抗生物質に関する記述として適切なものを、次の①〜④のうちから一つ選べ。

〈高認 H.28-1・改〉

①　血液中のコレステロール値を下げるはたらきをもつものもある。

②　ペニシリンは効果が高い医薬品であるが、ヒトの細胞に対して悪影響が大きい。

③　現在、抗生物質の効かない耐性細菌は出現していない。

④　病気の原因となる他の生物の細胞が増殖するのを妨げるはたらきをもつ。

問4　遺伝子組換えの技術を利用して、医薬品などの有用物質を微生物に作らせることができる。ヒトのインスリンを多量に合成する場合、利用する微生物として実用化されているものを、次の①〜④のうちから一つ選べ。〈高認 H.28-1・改〉

①　枯草菌　　　　②　根粒菌　　　　③　大腸菌　　　　④　乳酸菌

問5　ストレプトマイシンは、それまで不治の病とされていた病気の画期的な治療薬となったが、その不治の病とは何か。適切なものを、次の①〜④のうちから一つ選べ。〈高認 H.28-1・改〉

①　肺炎　　　　②　結核　　　　③　がん　　　　④　心疾患

問6　微生物のはたらきである発酵を利用して作った発酵食品として**適切でないもの**を、次の①〜④のうちから一つ選べ。〈高認 H.28-2・改〉

　　　① みりん　　　② しょう油　　　③ 砂糖　　　④ かつお節

問7　発酵や腐敗を説明した記述として**適切でないもの**を、次の①〜④のうちから一つ選べ。〈高認 H.30-1・改〉

　　　① チーズは、乳酸菌やカビなどの微生物による発酵で作られている。

　　　② オクラや山芋のねばりは、納豆と同じ微生物による発酵によって出ている。

　　　③ パンは酵母による発酵食品であるが、ホットケーキは発酵食品ではない。

　　　④ 腐敗とは細菌のはたらきによって有機物が分解され、悪臭を放ったり、有害な物質が生成されたりすることがある。

問1：①

コウジカビ、酵母、乳酸菌のすべてを利用して製造される発酵食品はみそです。②の漬け物はその製造に発酵をともなわないものも多くあります。③のチーズは主に乳酸発酵により製造されます。④のかつお節はコウジカビを利用して製造されます。したがって、正解は①となります。

問2：②

フレミングはアオカビから感染症治療に劇的な効果があるペニシリンを発見しました。したがって、正解は②となります。

問3：④

①抗生物質は血液中のコレステロール値を下げるはたらきをもちません。②ペニシリンはヒトの細胞に対する悪影響が小さい医薬品です。③細菌は遺伝子の突然変異や、他の細胞から遺伝子を受け取ることで、本来は効くはずの抗生物質が効かない「耐性菌」に変身する場合があります。したがって、正解は④となります。

問4：③

ヒトのインスリンを多量に合成する場合、利用する微生物は大腸菌です。したがって、正解は③となります。

問5：②

ストレプトマイシンが治療薬となるのは結核です。したがって、正解は②となります。

問6：③

砂糖はサトウキビなどの汁から結晶を生じさせて作ります。したがって、適切でないものは③となります

問7：②

納豆のねばりは納豆菌によるものですが、オクラや山芋のねばりはこれとは異なるねばりの成分によるものです。したがって、適切でないものは②となります。

第**4**章
宇宙や地球の科学

A-1 太陽と月のはたらき

太陽と月のはたらきと地球への影響、さらに紀年法の移り変わりなど、用語とその意味を合わせて覚えるようにしましょう！

Hop ｜ 重要事項

太陽日と恒星日

地球は自転しながら太陽の周りを公転しています。**1太陽日**とは、太陽が真南に位置する南中から、翌日再び南中になるまでの時間をいい、平均24時間です。また、**1恒星日**とは、地球が360度回転（自転）し、同じ恒星が同じ位置に来るまでの時間をいい、23時間56分となります。

1恒星日より1太陽日が4分長い理由は、地球が自転する間に、地球は太陽の周りを1°公転しているため、翌日に同じ位置になるためには1°にあたる自転が必要となるためです。

太陽が春分点を通過してから再び春分点に戻る周期を**1太陽年**といい、約365.24日です。

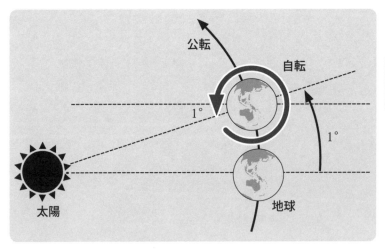

この1太陽年を基準とした暦が太陽暦となります。

🔔 月と太陽による暦

太陰暦 たいいんれき

　太陰暦は、**朔望月**（月の満ち欠けの周期）を1か月とする暦法で、1朔望月は平均29.5日です。

　太陰太陽暦とは太陰暦を基にしつつも閏月を挿入して、実際の季節とのずれを補正した暦です。

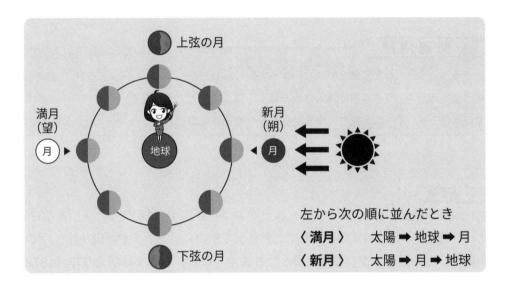

　月は地球の衛星です。月は地球の周りを公転しており、自転もしています。月の公転の周期（地球を1周まわる期間）は約27日で、月の自転の周期も同じ約27日です。したがって、**月は地球を1周する間に1回自転しています。**

　一朔望月29.5日と月の公転約27日にズレがあるのは、地球が太陽の周りを公転していることからその差が生じています。

太陽暦

　太陽暦とは、地球が太陽の周りを回る周期（太陽年）を基にして作られた暦法です。かつて使用された**ユリウス暦**や、現在世界各国で用いられている**グレゴリオ暦**も太陽暦の一種です。暦が季節とずれないように、うるう日を挿入して補正が行われます。ユリウス暦の補正の仕方を改良したのがグレゴリオ暦です。

　ユリウス暦は4年に1度うるう年をおく暦で、約2000年前に存在したローマ帝国で採用されて以降、ヨーロッパに広まりました。

関連用語

◉ うるう日 …… 暦が季節とずれないように設けられた日

◉ うるう年 …… うるう日が挿入された年。1年366日となる年をいう

◉ 紀年法 …… 年を数えたり、年を記録したりする方法のことをいう

グレゴリオ暦

　グレゴリオ暦は、1582年にローマ教皇グレゴリウス13世がユリウス暦を改良して制定した暦法で、現行の太陽暦として世界各国で用いられています。現在使われている紀年法としての西暦も**グレゴリオ暦**となります。なお、**日本では明治5年（1872年）からグレゴリオ暦を採用**しています。

参考

平年には1年を365日とするが、**400年間に（100回ではなく）97回のうるう年を置いて**その年を366日とすることにより、400年間における1年の平均日数を、365日＋（97/400）＝365.2425日とする。この平均日数365.2425日は、実際に観測で求められる平均太陽年(回帰年)の365.2425日に比べて26.821秒だけ長い。

月と潮の満ち引き

　潮の満ち引きとは、おもに**月と太陽の引力によって海面が昇降する現象**で、地球が約24時間で自転するのに合わせて、約12時間で**満潮から干潮へ**、または**干潮から満潮へ**と、ゆっくり海面が昇降します。

《 潮汐と潮汐力 》

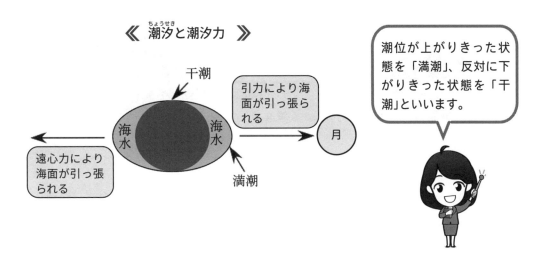

　干潮や満潮などの潮の満ち引き**（潮汐）**は、月が引き起こす現象で、潮の満ち引きを起こす力を**潮汐力**と呼びます。地球は1日に1回自転するので、多くの場所では1日に2回の満潮と干潮を迎えます。

<u>大潮と小潮</u>

◉ **大潮** ……　大潮とは、太陽と月と地球が一直線上にある場合で、満潮時の水位が通常より高くなる状態をいいます。

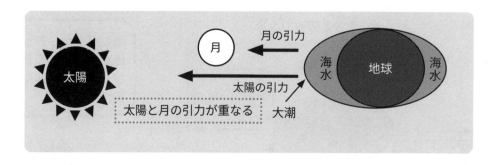

◉ **小潮** ……　小潮とは、地球に対して太陽と月が直角方向にある場合で、満潮時の水位が通常より低くなる状態をいいます。

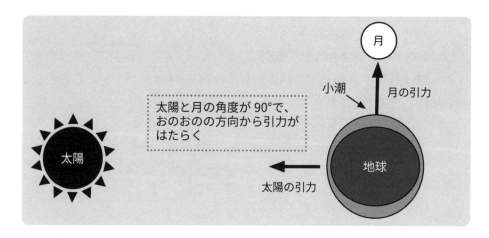

<u>潮位と災害</u>

　台風や低気圧の影響により気圧が下がると、海面が吸い上げられ、水位の上昇と波が高くなることによる**高潮被害**が発生します。特に**大潮の満潮時に高潮が重なると、非常に高い潮位となり大きな被害を受ける**ことがあります。

Step | 基礎問題

■ 各問の空欄に当てはまる語句答えなさい。

問1　（　　　　　　　）は、月の満ち欠けの周期を1か月とする暦法である。

問2　潮汐は約（　　　　　　）時間で満潮から干潮へ、干潮から満潮へと、海面が昇降する。

問3　かつて使用された（　　　　　）暦は太陽暦の一種である。

問4　日本では明治5年から暦法として（　　　　　）暦を採用している

問5　満潮時の水位が通常より高くなる状態を（　　　　　）という。

問6　満潮時の水位が通常より低くなる状態を（　　　　　）という。

問7　現行の暦は、1年を365日とするが，400年間に（　　　　　）回のうるう年を置いてその年を366日とする。

問8　（　　　　　　　）とは、地球が太陽の周りを回る周期を基にして作られた暦法である。

問9　（　　　　　　　）は、1582年にローマ教皇グレゴリウス13世がユリウス暦を改良して制定した暦法である。

問10　太陽・月・地球の順に並ぶと、太陽の光が月にあたり（　　　　　）となる。

解答

問1：太陰暦　問2：12　問3：ユリウス　問4：グレゴリオ　問5：大潮　問6：小潮

問7：97　問8：太陽暦　問9：グレゴリオ暦　問10：新月

問11　太陽・地球・月の順に並ぶと、月に太陽の光があたるので（　　　　）となる。

問12　潮の満ち引きとは、おもに（　　　　）と太陽の引力によって海面が昇降する現象である。

問13　地球が自転により1回転し、同じ位置に太陽が来るまでの時間を（　　　　）という。

問14　潮の満ち引きを起こす力を（　　　　）と呼ぶ。

問15　（　　　　）は地球のまわりを公転する衛星である。

問16　1朔望月は（　　　　）日である。

問17　月の公転周期と（　　　　）は同じである。

問18　太陽・地球・月の位置関係において、月が太陽の一直線上にあるときの潮汐は（　　　　）である。

問19　太陽・地球・月の位置関係において、月が太陽の直角方向にある場合の潮汐は（　　　　）である。

問20　新月（朔）から満月（望）となり、また新月（朔）となる満ち欠けの周期を（　　　　）という。

解　答

問11：満月　問12：月　問13：太陽日（1太陽日）　問14：潮汐力　問15：月　問16：29.5
問17：自転周期　問18：大潮　問19：小潮　問20：朔望月（1朔望月）

（　　）問中（　　）問正解

■ 次の各問いを読み、問1〜5に答えよ。

問1　文中の　A　、　B　に入る語句として適切なものを、次の①〜④のうちから一つ選べ。〈高認 R. 4-2・改〉

> グレゴリオ暦は、1582年に、ローマ法王グレゴリウス13世によって定められた。この暦は、　A　の動きをもとにつくられ、うるう年を　B　置くように定められた。

A	B
① 太陽	4年に1回
② 太陽	400年に97回
③ 月	400年に97回
④ 月	4年に1回

問2　文中の　A　、　B　に入る語句として適切なものを、次の①〜④のうちから一つ選べ。〈高認 H. 29-2・改〉

> 地球から見られる月の形は、満月から下弦の月、新月、上弦の月、満月と満ち欠けを繰り返す。この満ち欠けの周期を　A　とよぶ。　A　は、かなり変動するが平均すると約　B　日である。

A	B
① 太陰暦	15
② 太陰暦	29.5
③ 1朔望月	29.5
④ 1朔望月	15

問３　月の満ち欠けを基準とした暦の名称として正しいものを、次の①〜④のうちから一つ選べ

　　　① 太陰暦　　　② ユリウス暦　　　③ 太陽暦　　　④ グレゴリオ暦

問４　台風や低気圧の影響により気圧が下がると、海面が吸い上げられ、水位の上昇と波が高くなる。これによって生じる大きな被害として適切なものを、次の①〜④のうちから一つ選べ。

　　　① 土石流　　　② 高潮　　　③ 火砕流　　　④ 突風

問５　ある日の夕方、南の空を見ると、下図のような月が観測できた。この月の名称と７日後に観測した月の名称の組合せとして正しいものを、次の①〜④のうちから一つ選べ。〈高認 R. 4-2・改〉

　　　名称　　　　　　７日後の月
　　① 上弦の月　　　　満月
　　② 上弦の月　　　　新月
　　③ 下弦の月　　　　満月
　　④ 下弦の月　　　　新月

解答・解説

問1：②

　グレゴリオ暦とは、太陽の動きをもとにつくられた暦（太陽暦）で、うるう年を設定しています。グレゴリオ暦では、基本的に4の倍数の年にうるう年を設けていますが、100の倍数になる年は、400の倍数の年でない限り、うるう年は設けません。よってAには「太陽」Bには「400年に97回」が入ります。したがって、正解は②となります。

問2：③

　月の満ち欠けの周期を1朔望月といい、この満ち欠けの周期は平均29.5日です。したがって、正解は③となります。

問3：①

　月の満ち欠けの周期（1朔望月）を1か月とする暦法は太陰暦です。したがって、正解は①となります。

問4：②

　台風や低気圧の影響により気圧が下がり、海面が吸い上げられ、水位の上昇と波が高くなることにより生じる被害は高潮です。したがって、正解は②となります。

問5：①

　上弦の月とは、月が沈むときの姿を弓にたとえて、地平線に対して弓の弦の部分を上にして沈む姿から名付けられた月の姿です。これに対し、下弦の月とは、弓の弦の部分を地平線に向けて下に沈む姿を指します。よって、図の月は「上弦の月」だと分かります。また、月の満ち欠けは、新月→上弦の月→満月→下弦の月→新月という順を繰り返します。したがって、正解は①となります。

A-2 太陽と地球の熱収支

太陽と地球の熱収支の項では、太陽の構造と太陽放射についてと、地球の温室効果はどのようなはたらきによりあらわれているのか、その根拠をしっかり押さえるようにしましょう！

Hop｜重要事項

太陽

太陽は太陽系全体の質量の99.8%を占め、太陽の組成は、水素が92%でヘリウムが8%となっています。中心部は約1600万K（ケルビン）の高温、高圧の状態であり、水素の原子核がヘリウムの原子核に変化する**核融合反応**が生じています。この反応で生じる莫大な熱が太陽の光り輝くエネルギーの源となります。

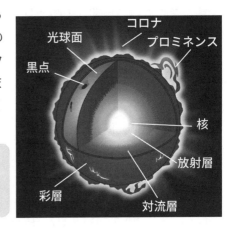

- 半径 …… 696,000km（地球の約109倍）
- 質量 …… 1.99×10^{30}kg（地球の約33万倍）
- 自転周期 …… 約25日

《 太陽の構造 》

- 粒状斑 …… 太陽表面で観察される熱をもったガスの湧き上がり
- 光球面 …… 太陽が光り輝いている部分で、宇宙空間へ熱と光を放出する。厚さは400kmある
- 黒点 …… 太陽の表面温度よりも低い部分で、周囲より温度が低いため暗くて黒く見える
- 彩層 …… 光球より吹き出す厚さ3000kmの太陽の大気層
- プロミネンス …… 光球より不定期に飛び出す数万〜数十万kmの炎の柱
- コロナ …… 太陽の最も外側の大気層で、プラズマ状態になっている。通常は太陽を見てもコロナは見えないが、皆既日食時には肉眼で見ることができる
- フレア …… 黒点近くの彩層が爆発によって突然明るく輝く現象で、電磁波やプラズマなどの太陽風を放出する

皆既月食

太陽から放出される太陽風により、さまざまな影響が地球に現れる

- ◉ デリンジャー現象 …… X線の影響で短波通信に障害が起こる現象
- ◉ 磁気嵐（じきあらし） …… 地磁気に異常が見られる
- ◉ オーロラ …… 極圏において上空に見られるプラズマ流による発光現象

太陽放射

　地球は太陽からの放射エネルギーによる熱を受けています。これを太陽放射といいます。**太陽から1天文単位の距離で、太陽光に垂直な1㎡の面が1秒間に受け取るエネルギーを太陽定数**といいます。

関連用語

- ◉ 天文単位 …… 太陽と地球との平均距離を1として、太陽系の天体の距離を表す

太陽　　　地球

1天文単位 = 1億5000万 km

太陽定数：$1.4 \times 10^3 \text{J/m}^2 \cdot \text{s} = 1.4 \text{kW/m}^2 \cdot \text{s}$

　下図のように、地球を平面の円と考えると、地球の半径をr（m）、円周率をπとすると、円の面積は半径×半径×円周率で求められ、πr^2（㎡）となります。太陽定数は1㎡あたり1.4kW/sであることから、
地球が1秒間に受け取るエネルギーの総量は $1.4 \text{kW} \times \pi r^2 = 1.4 \pi r^2$ kW となります。

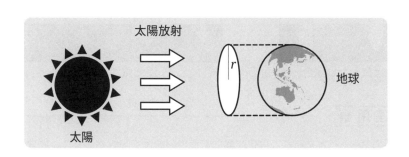

太陽放射

r

地球

太陽

太陽放射のエネルギー活用

　太陽光より発電することを**太陽光発電**といい、化石燃料から生成されるエネルギーと異なり、地球温暖化に影響を及ぼす二酸化炭素を排出しないので、環境に良い新しいエネルギーとして注目されています。

地球全体の熱収支

　太陽から届くエネルギーはすべて地球に吸収されるわけではなく、海水面や雪氷の反射などにより3割は宇宙空間に戻されてしまいます。この割合を**アルベド**といいます。

《 太陽放射の内訳 》

- ◉ 地表に吸収される　　　　　　50%
- ◉ 大気や雲による吸収　　　　　20%
- ◉ 大気や雲による散乱・反射　　26% ➡ 宇宙へ ⎫
- ◉ 地表による反射　　　　　　　4% ➡ 宇宙へ ⎭ アルベド

温室効果

　地表から放射される赤外線は、大気中の水蒸気や二酸化炭素に吸収されて大気を暖めます。この大気が赤外線を放射して熱を地表にもどしたりする繰り返しによって、熱の滞留時間が増え、大気と地表が暖められます。

- ◉ 地表から放出されるエネルギーはすべて**赤外線放射（地球放射）**になる

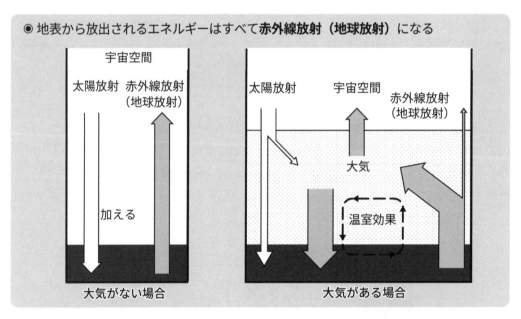

大気がない場合　　　　大気がある場合

🏷 関連用語

- ◉ **温室効果ガス** …… 水蒸気、二酸化炭素など赤外線をよく吸収するガス。地球は温室効果によって、**平均温度15℃になっている**

地球温暖化

　産業革命以降、地球規模で二酸化炭素濃度が上昇して地球温暖化に影響しています。化石燃料を燃焼させた結果、**温室効果ガスである二酸化炭素の排出量が増加**したことに起因しています。

Step | 基礎問題

■ 各問の空欄に当てはまる語句を答えなさい。

問1　太陽は太陽系全体の質量の（　　　　　）％を占める。

問2　太陽の組成の9割は（　　　　　）が占めている。

問3　太陽の中心部は約（　　　　　）万Kの高温である。

問4　（　　　　　）は、太陽の最も外側の大気層で、プラズマ状態になっている。

問5　（　　　　　）は、黒点近くの彩層が爆発によって突然明るく輝く現象で、電磁波やプラズマなどの太陽風を放出します。

問6　（　　　　　）は極圏において上空にプラズマ流による発光現象が見られる。

問7　太陽は中心部において水素の原子核がヘリウムの原子核に変化する（　　　　　）が生じている。

問8　太陽の光り輝く面を（　　　　　）といい、厚さが400kmで、宇宙空間へ熱と光を放出している。

問9　（　　　　　）は太陽表面で観察される熱をもったガスの湧き上がりである。

問10　（　　　　　）は光球の表面に直径1000〜10万kmほどの大きさで黒く見える部分で、他の部分よりも低温で暗い。

🔍 **解答**

問1：99.8　問2：水素　問3：1600　問4：コロナ　問5：フレア　問6：オーロラ

問7：核融合反応　問8：光球（面）　問9：粒状斑　問10：黒点

問11　（　　　　　）は光球より不定期に飛び出す数万～数十万 km の炎の柱である。

問12　（　　　　　）現象とは、X 線の影響で短波通信に障害が起こることである。

問13　太陽から1天文単位の距離で、1㎡の面で1秒間に受け取るエネルギーを
　　　（　　　　　）という。

問14　太陽と地球との平均距離を1として、太陽系の天体の距離を表す単位を
　　　（　　　　　）という。

問15　地表から放出されるエネルギーはすべて（　　　　　）放射になる。

問16　（　　　　　）は、化石燃料から生成されるエネルギーと異なり、地球温暖化に
　　　影響を及ぼす二酸化炭素を排出しない環境に良い電気エネルギーである。

問17　二酸化炭素の排出量が増加させた原因は（　　　　　）を燃焼した結果と言わ
　　　れている。

問18　温室効果ガスは、（　　　　）や（　　　　　）のように赤外線をよく吸収する
　　　ガスをいう。

問19　産業革命以降、地球規模で（　　　　　）濃度が上昇して地球温暖化に影響し
　　　ている

問20　地球は温室効果によって、平均温度（　　　　　）℃になっている。

解　答

問11：プロミネンス　　問12：デリンジャー　　問13：太陽定数　　問14：天文単位　　問15：赤外線

問16：太陽光発電　　問17：化石燃料　　問18：水蒸気・二酸化炭素　　問19：二酸化炭素　　問20：15

■ 次の問いを読み、問1〜問5に答えよ。

問1　地球の大気に含まれる気体の中で、温室効果をもつものの組合せとして最も適切なものを、次の①〜④のうちから一つ選べ。〈高認 R. 3-2・改〉
　　① 二酸化炭素、酸素
　　② 二酸化炭素、窒素
　　③ 水蒸気、二酸化炭素
　　④ 水蒸気、窒素

問2　太陽から放射されるエネルギーを太陽放射という。また、地表や大気が宇宙に放出するエネルギーを地球放射という。この太陽放射や地球放射の特徴やはたらきについて述べた文として**適切でないもの**を、次の①〜④のうちから一つ選べ。
　　① 太陽は、可視光線、赤外線、紫外線などの電磁波を放射している。
　　② 地球放射は、地表や大気から赤外線として放出されるエネルギーである。
　　③ 地球の大気圏の最上面に届くエネルギー量と地表に届くエネルギー量は同じである。
　　④ 地表から放出された地球放射は、大気を温めることで温室効果をもたらす。

問3　太陽に見られるコロナに関する記述として適切なものを、次の①〜④のうちから一つ選べ。〈高認 H. 28-1・改〉
　　① 周囲より低温な領域で、そのため黒く見える。
　　② 太陽表面の光り輝く面である。
　　③ 太陽の縁に見られ、炎の柱のように見える。
　　④ 太陽のまわりに存在する希薄な高温のガスの層である。

問 4　太陽を構成する物質のうち、その質量の大部分を占める物質として正しいもの
　　　を、次の①〜④のうちから一つ選べ。〈高認 H. 29-1・改〉

　　　　①　水素　　　　②　炭素　　　　③　窒素　　　　④　酸素

問 5　地球の大気圏外で太陽光線に垂直な面が 1 秒間に受けるエネルギーを太陽定
　　　数といい、およそ 1.4kW/ ㎡である。図のように地球の半径を r〔m〕、円周率
　　　を π とすると、1 秒間に地球が受けとるエネルギーの総量を表す式として正し
　　　いものを、次の①〜④のうちから一つ選べ。〈高認 H. 28-1・改〉

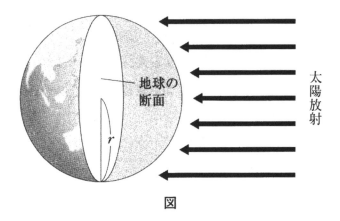

図

　①　$1.4\,\pi r$〔kW〕

　②　$1.4\,\pi r^2$〔kW〕

　③　$2.8\,\pi r$〔kW〕

　④　$2.8\,\pi r^2$〔kW〕

解答・解説

問1：③

　地球の大気に含まれる気体で、温室効果をもつものは水蒸気と二酸化炭素です。温室効果は、地球から放射される熱を吸収することで、大気圏内部の気温を上昇させる現象です。したがって、正解は③となります。

問2：③

　太陽放射から地球が受け取るエネルギーについて考えると、地球に届いた太陽放射はまず26%ほどが大気や雲などによって散乱・反射され、さらに大気や雲によって20%程度が吸収されるので、地表に届くエネルギー量は大気圏の最上面に届くエネルギー量に比べて少なくなります。したがって、適切でないものは③となります。

問3：④

　①は黒点についての説明です。②は光球についての説明です。③はプロミネンスについての説明です。したがって、正解は④となります。

問4：①

　太陽の質量の大部分を占める物質は水素で、次に多いのがヘリウムです。その他の元素はごくわずかしか含まれていません。したがって、正解は①となります。

問5：②

　地球が受け取るエネルギーの総量は、地球の断面積に太陽定数を掛けることで求めることができます。地球の断面を円と考えると、その面積は πr^2 ですから、エネルギーの総量は $1.4\pi r^2$ [kW] と表すことができます。したがって、正解は②となります。

A-3 大気とその循環

大気とその循環においては、大気の組成と構成がどのようになっているのか、また低緯度及び中緯度での風の動きと風の名称、そして日本における季節の基本的な気圧配置など押さえるようにしましょう！

Hop｜重要事項

大気の構造

大気の組成
主成分：窒素 N_2 約78％、酸素 O_2 約21％
高度約80kmまでは大気の組成は変わらない。

大気の構成
対流圏（高度0〜**圏界面　高度約10km**）
- 高度が100m上昇すると、気温は0.6℃下がる。また対流圏は対流が生じやすく、**さまざまな気象現象**を起こす。

成層圏（圏界面約10〜50km）
中間圏（高度50〜80km）
熱圏　（高度80〜500km）

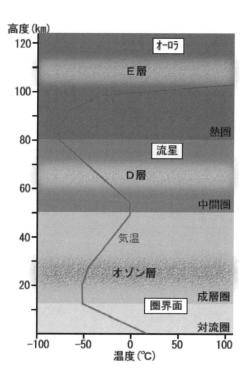

大気の大循環

地表から放出される熱は緯度による差がそれほどありません。しかし、高緯度では同じ面積で受け取る太陽エネルギーが低緯度より少なくなります。したがって、低緯度の熱が大気や海水によって高緯度に運ばれます。

> ◎ 低緯度での大気の動き：赤道付近で大気が上昇 ➡ 中緯度で下降（**ハドレー循環**）
> ◎ 高緯度での大気の動き：極で大気が下降 ➡ 高緯度で上昇（**極循環**）
> ◎ 中緯度での大気の動き：低緯度の暖気と高緯度の寒気による温度差と自転の影響で、おもに空気が西から東へ流れる。

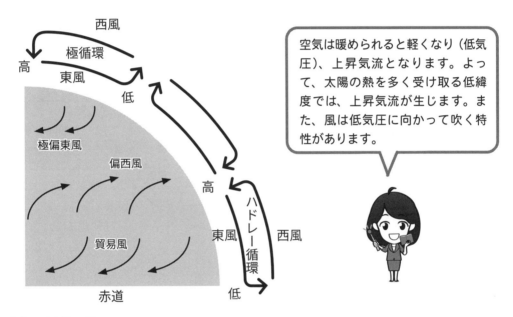

空気は暖められると軽くなり（低気圧）、上昇気流となります。よって、太陽の熱を多く受け取る低緯度では、上昇気流が生じます。また、風は低気圧に向かって吹く特性があります。

大気の循環と風

太陽によって暖められた大気の運動と地球の自転によって風がつくられます。

◎ **貿易風** …… 低緯度の**ハドレー循環**による地上の風で東風になる。

◎ **偏西風** …… 中緯度で下層から上層まで、おもに**西寄りの風**になる。なお、対流圏上部また成層圏（上空8〜13km付近）に見られる偏西風の特に強い部分を**ジェット気流**という。

◎ **極偏東風** …… 高緯度で**東風**になる。

海流

表層の海水が風に引きずられて発生します。

- 低緯度の海流の流れ　東 ➡ 西　（貿易風の影響）
- 中緯度の海流の流れ　西 ➡ 東　（偏西風の影響）
  水は**比熱**が大きいので、効率よく低緯度の熱を高緯度に運ぶ

大気の循環と気候

　赤道付近では、暖められた空気が上昇し、雲をつくり、ハドレー循環を起こします。この領域を**熱帯収束帯**といい、**暖かく降水が多い熱帯**となります。

　緯度30°付近になるとハドレー循環の下降（**中緯度高圧帯**）となり、降水量の少ない**乾燥帯**となります。

　大気の大循環と海流の影響により**諸地域の気候の区分**が分かれます。

熱帯 ▶ 乾燥帯 ▶ 温帯 ▶ 冷帯 ▶ 寒帯

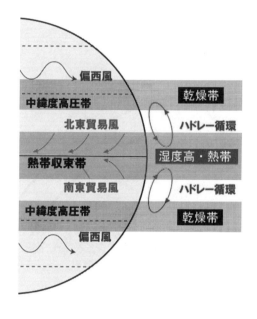

気圧配置と四季

◉ 冬
西高東低（冬型の気圧配置）。西に高気圧（シベリア気団）、東に低気圧で、北西の風及び寒気が流れ込み、日本海側で雪または雨、太平洋側では晴天といった天気をもたらす。

◉ 夏
南高北低（夏型の気圧配置）。日本の南東にある高気圧（小笠原気団）が日本付近を広く覆い、日本の北東に低気圧で、晴天をもたらす。

◉ 梅雨
日本の**南東に太平洋高気圧**（小笠原気団）、**北東にオホーツク海高気圧**（オホーツク気団）があり、**その間に梅雨前線が停滞**し、梅雨の長雨をもたらす。

台風

台風とは、熱帯の海上で発生した低気圧（**熱帯低気圧**）のうち北西太平洋または南シナ海に存在し、**最大風速（10 分間平均）が 17.2m/s 以上**となったものを**台風**といいます。

また、台風は太平洋高気圧や偏西風などの影響を受け、台風の進路は季節により少しずつ異なり、海水温の影響を受け、次第に勢力を強めたりします。

台風の発生は 8 月と 9 月が最も多く、7 月や 10 月にも多く発生します。
また気圧が下がることにより、海面が吸い上げられ、水位の上昇と波が高くなることによる**高潮被害**を受けることがあります。

Step｜基礎問題

（　　）問中（　　）問正解

■ 各問の空欄に当てはまる語句を答えなさい。

問1　大気の組成は、（　　　　　）が約78％で、酸素が約21％である。

問2　大気の構成である対流圏とは、高度0から圏界面高度約（　　　　　）kmの範囲をいう。

問3　高度が100m上昇すると、気温は（　　　　　）℃下がる。

問4　上空8〜13km付近に見られる偏西風の特に強い部分は（　　　　　）である。

問5　低緯度の海流の流れは、表層の海水が（　　　　）によって東から西に流される。

問6　赤道付近の熱帯収束帯は、暖かく（　　　　　）が多い熱帯となる。

問7　熱帯の海上で発生した低気圧を（　　　　　）という。

問8　冬型の気圧配置は、西に高気圧、東に低気圧の（　　　　　）気圧配置となる。

問9　夏型の気圧配置は、日本の南西にある高気圧が日本付近を広く覆い、北東に低気圧の（　　　　　）気圧配置となる。

問10　台風や低気圧の影響により気圧が下がり、海面が吸い上げられ、水位の上昇と波が高くなることを（　　　　　）被害という。

🔍 **解　答**

問1：窒素　問2：10　問3：0.6　問4：ジェット気流　問5：貿易風　問6：降水（又は雨）
問7：熱帯低気圧　問8：西高東低　問9：南高北低　問10：高潮

問 11　最大風速が（　　　　　）m/s 以上となったものを台風といいます。

問 12　台風の発生は（　　　　　）と 9 月が最も多く、7 月や 10 月も多く発生します。

問 13　緯度 30°付近になるとハドレー循環の下降となり、降水量の少ない（　　　　　）となります。

問 14　赤道付近で大気が上昇し、中緯度で下降する大気の動きを（　　　　　）という。

問 15　極で大気が下降し、高緯度で上昇する大気の動きを（　　　　　）という。

問 16　（　　　　　）は低緯度のハドレー循環による地上の風で東風になる。

問 17　（　　　　　）は中緯度で下層から上層まで吹く風で西風になる。

問 18　中緯度の海流の流れは（　　　　　）の影響により西から東に流れる。

問 19　水は（　　　　　）が大きいので、効率よく低緯度の熱を高緯度に運ぶ。

問 20　大気の大循環と海流の影響により諸地域の（　　　　　）の区分が分かれる。

 解　答

問 11：17.2　問 12：8 月　問 13：乾燥帯（乾燥地帯）　問 14：ハドレー循環　問 15：極循環
問 16：貿易風　問 17：偏西風　問 18：偏西風　問 19：比熱　問 20：気候

■ 次の問いを読み、問1〜問5に答えよ。

問 1　大気は赤道付近で上昇して南北に分れ、緯度 20 〜 30° 付近で下降する。この赤道付近で上昇する理由として最も適当なものを、次の①〜④のうちから一つ選べ。

① 赤道付近の圏界面は気圧が低く、地表付近の大気が引かれるから。

② 地球の自転により、赤道付近の大気が膨らむから。

③ 赤道付近は強い太陽放射 (日射) を受けて、暖められるから。

④ 赤道付近には大陸が少ないため、上昇気流が起こりやすいから。

問2　緯度 20 〜 30° 付近で下降するについて、この地域の特徴として最も適当なものを、次の①〜④のうちから一つ選べ。

① 四季のはっきりした気候である。

② 高温多湿な熱帯多雨林が広がっている。

③ 年間を通して雨の少ない寒冷地が広がっている。

④ 乾燥地帯が多く、砂漠も見られる。

問3　大気の大循環により、中緯度地域にある日本の上空では西寄りの風が吹いている。この風は偏西風と呼ばれており、その中で特に強い風はジェット気流と呼ばれている。旅客機はこのジェット気流を利用して飛行することがある。ジェット気流が吹いている高度として最も適当なものを、次の①〜④のうちから一つ選べ。

①　1.2km　　　②　12km　　　③　120km　　　④　1200km

問4 台風について説明した文として**適切でないもの**を、次の①〜④のうちから一つ
    選べ。

    ① 主に日本の南の海水温が高い領域で発生する。

    ② 中心気圧は発生したときに最も低く、徐々に高くなる。

    ③ 日本列島に上陸すると勢力が弱まる傾向がある。

    ④ 初夏よりも初秋に日本列島に上陸する傾向がある。

問5 梅雨をもたらす高気圧の組合せとして最も適当なものを、次の①〜④のうちか
    ら一つ選べ。〈高認 R. 1-2・改〉

    ① シベリア高気圧   移動性高気圧

    ② オホーツク海高気圧   シベリア高気圧

    ③ 太平洋高気圧   オホーツク海高気圧

    ④ 移動性高気圧   太平洋高気圧

解答・解説

問1：③

　赤道付近は年間を通じて日射量に恵まれ空気塊が暖められやすく、その結果として上昇気流が発生し続けています。したがって③が正解となります。

問2：④

　赤道付近で上昇した空気塊は上空で冷やされ雲をつくり、低緯度地域に雨を降らせ、乾いた空気となって緯度30度付近で下降します。したがって④が正解となります。①の四季がはっきりとした気候がみられるのは中緯度（北緯30〜40度）付近、②の高温多湿な熱帯雨林が広がるのは赤道付近、③の年間を通して雨の少ない寒冷地が広がっているのは高緯度付近となります。

問3：②

　ジェット気流は対流圏の上層を流れる強い偏西風のことをいいます。したがって②が正解となります。①の高度1.2kmは富士山の標高よりも低く、高度10〜17kmである対流圏の上層とはとても言えません。また旅客機が安定して飛ぶ高度でもありません。③の高度120kmは熱圏、④の高度1,200kmは外気圏に相当し、定義上、宇宙と呼べる高度になります。

問4：②

　台風の多くは、日本のはるか南の熱帯域、海面の水温が26〜27度以上の海上で発生します。発生した台風は、海水が蒸発し、上昇気流によって上空に持ち上げられ再び凝結するときに生じる潜熱をエネルギー源として発達を続け中心気圧が下がりますが、日本近海に到達すると海面の水温が低下するために発達が鈍るようになり、上陸するとエネルギーが得られなくなったり地面との摩擦によってエネルギーを失ったりして勢力が弱まり、やがて消滅します。台風は夏から秋にかけて日本に接近しますが、日本列島が太平洋高気圧に広く覆われる夏よりも、太平洋高気圧の勢力が弱まって後退する秋の方が上陸しやすくなります。したがって正解は②となります。

問5：③

　梅雨は、冷たく湿った海洋性の気団（オホーツク海気団）からなるオホーツク海高気圧と、高温で湿った海洋性の気団（小笠原気団）からなる太平洋高気圧がせめぎ合うことで生じます。したがって、正解は③となります。

B-1 自然景観の成り立ち

太陽の放射エネルギーと地球内部のエネルギーの地形への影響や、流水による浸食・運搬・堆積がどのようなところで起こり、どのようなものが堆積するのかなどを押さえるようにしましょう！

Hop｜重要事項

太陽の放射エネルギーと地球内部のエネルギーによる地形

地球の表面に見られる自然景観は、地球内部からのエネルギーと太陽からの放射エネルギーとの相互関係によって成り立っています。

地形は**太陽からの放射エネルギー**による水や大気の循環により、地表の**起伏を小さく**し、地球内部のエネルギーによる火山活動や地震、大規模な地殻変動によって隆起や沈降がおこり、地表の**起伏を大きく**していきます。

岩石の風化

長い期間、岩石が地表の環境にさらされることで、細かく砕かれたり、化学的に変化したりすることを岩石の**風化**といい、**機械的風化**と**化学的風化**があります。

- ◉ 機械的（物理的）風化 …… 地表面に露出した岩石は**温度変化による膨張**、収縮や割れ目にしみ込んだ**水の凍結・膨張**によって次第に細かく砕かれていく。細かく砕かれた岩石は土砂になって他の場所に運ばれ、地表面は長い時間をかけて低く平らになっていく。
- ◉ 化学的風化 …… 岩石が地表付近で水に接していると、その鉱物の成分が**水に溶け出し**たり、他の成分が加わったりなどの化学変化が起こり、鉱物が**別の鉱物**に変化する。

【化学的風化の例】
カルスト地形
（石灰岩が雨水による**溶食作用**を受けてできた地形）

カルスト地形

🔎 流水による地形

　風化によってつくられた砂、泥、礫などは、流水のはたらきで浸食・運搬・堆積されていき、さまざまな地形の変化をもたらしていきます。

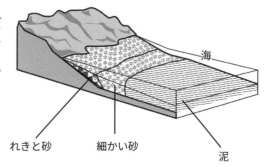

れきと砂　　細かい砂　　泥

山岳地帯の河川

　河川の水流が速いため浸食作用が強く、**下方浸食によるＶ字谷を形成**します。

平地の河川

　山地から平地にでたところに、**礫と砂が堆積すること（堆積作用）によって扇状地が形成**されます。河川の曲がった部分は水流の関係により外側に浸食が進み、内側で堆積するために**蛇行**するようになります。

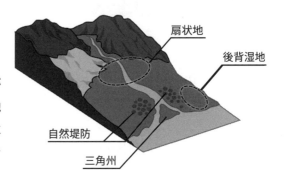

扇状地

後背湿地

自然堤防

三角州

河口

　河口とは、河川が海や湖などに流れ出る地点のことです。河口では河川の流速が遅くなるため運搬作用が弱まり、**細かい砂や泥が堆積すること（堆積作用）によって三角州を形成**します。

🔍 地震や地殻変動による地形

　大地震や長年の地殻変動のくり返しにより、地面の段差、地面の上昇（隆起）、地面の下降（沈降）などが起こり、さまざまな地形の変化をもたらしていきます。

《 例 》

- ◉ 断層に沿った直線的地形（地下にある断層が地表に現れたもの〔地表地震断層〕）
- ◉ 海岸段丘や河岸段丘（海岸や河川沿いの土地の隆起による変化がもたらす地形）
- ◉ リアス海岸や多島海（海岸の沈降による変化がもたらす地形）

断層

　断層とは、強い力によって地層の一部が破壊されてずれた構造のことをさします。

- ◉ 正断層……地表が強く両側に引っ張られたもの。
- ◉ 逆断層……地層が両側から強く圧迫を受けたもの。

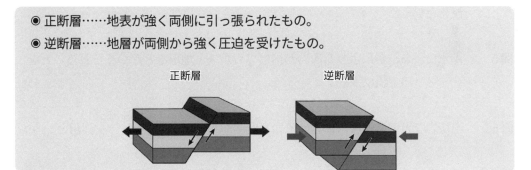

正断層　　　　　　　　　　　逆断層

　活断層とは、最近数十万年の間にくり返し活動した証拠があり、将来もずれる可能性のある断層のことをいいます。日本列島には数多くの活断層があり、今後も地震に注意が必要です。

Step｜基礎問題

■ 各問の空欄に当てはまる語句を答えなさい。

問1　太陽からの放射エネルギーにより、水や大気の循環で、地表の起伏が
　　　（　　　　　）なる。

問2　地球内部のエネルギーによる隆起や沈降によって地表の起伏が（　　　　）
　　　なる。

問3　地表面を低く平らにするはたらきを（　　　　）という。

問4　岩石に含まれる鉱物の隙間に水が入り込み割れて土砂になることを（　　　　）
　　　風化という。

問5　雨水による溶食により石灰岩が溶けてカルスト地形などがつくられることを
　　　（　　　　）風化という。

問6　石灰岩などの酸性の水に溶ける岩石を溶かすことを（　　　　）作用という。

問7　山岳地域の河川は水流が速いため侵食作用が強く、下方侵食による（　　　　）
　　　を形成する。

問8　平地の河川は山地から平地にでたところに（　　　　）を形成する。

問9　平地の河川は河川の曲がった部分が水流の関係により外側で侵食が進み、内側
　　　で堆積するため（　　　　）するようになる。

問10　河口では河川の流速が遅くなるため運搬作用が弱まり、土砂が堆積して
　　　（　　　　）を形成する。

問11　（　　　　）とは強い力によって地層の一部が破壊されてずれた構造である。

解答

問1：小さく　問2：大きく　問3：風化　問4：機械的　問5：化学的　問6：溶食

問7：V字谷　問8：扇状地　問9：蛇行　問10：三角州　問11：断層

問 12　最近数十万年の間に繰り返し活動した証拠があり、将来もずれる可能性がある断層のことを（　　　　）という。

問 13　（　　　　）は両側から強く引っ張られてできた断層である。

問 14　（　　　　）は両側から強く圧縮されてできた断層である。

問 15　山地から平地にでたところに扇状地が形成され、（　　　　）が堆積する。

🔍 解　答

問12：活断層　問13：正断層　問14：逆断層　問15：礫と砂

 **Jump｜レベルアップ問題**

（　　）問中（　　）問正解

■ 次の問いを読み、問1に答えよ。

問1　地球上に存在する水の循環は何のエネルギーがもとになっているか。最も適切なものを、次の①～④のうちから一つ選べ。〈高認 R. 1-2・改〉

　　① 地球内部のエネルギー
　　② 太陽からの放射エネルギー
　　③ 約半分は地球内部のエネルギーで約半分は太陽からの放射エネルギー
　　④ 約8割は地球内部のエネルギーで残りの約2割は太陽からの放射エネルギー

■ 次の文章を読み、問2～4に答えよ。

> 地球の表面に見られる自然景観は、地球内部のエネルギーと太陽からの放射エネルギーとの相互作用によりつくられる。地球内部のエネルギーがもとになって起こるさまざまな活動は、地表の起伏を　 A 　。太陽からの放射エネルギーによりもたらされるさまざまなはたらきは、地表の起伏を　 B 　。

問2　文中の　 A 　、　 B 　に入る文の組合せとして正しいものを、次の①～④のうちから一つ選べ。〈高認 H. 27-2・改〉

A	B
① 小さくする	大きくする
② 大きくする	小さくする
③ 小さくする	変化させない
④ 変化させない	大きくする

問3　下線部地球内部のエネルギーがもとになって起こるさまざまな活動がつくりだす地形と原因となるものの組合せとして誤っているものを、次の①～④のうちから一つ選べ。〈高認 H. 27-2・改〉

	地形	原因となるもの
①	溶岩ドーム	マグマ
②	山脈	隆起
③	扇状地	河川の流水
④	海溝	プレート運動

問4　<u>下線部太陽からの放射エネルギー</u>によりもたらされるさまざまなはたらきがつくりだす地形と原因となるものの組合せとして**誤っているもの**を、次の①〜④のうちから一つ選べ。〈高認 H. 27-2・改〉

```
       地形        原因となるもの
① 氾濫原        洪水
② 砂州          海流
③ 山崩れ        大雨
④ カルデラ      火山噴火
```

■ 次の文章を読み、問5に答えよ。

問5　図は、山地から海に至る河川を示したものである。上流から下流にかけて流水のはたらきにより特徴的な地形が形成される。図中のアとイ付近で形成される主な地形と流水のはたらきの組合せとして正しいものを、次の①〜④のうちから一つ選べ。〈高認 H. 28-2・改〉

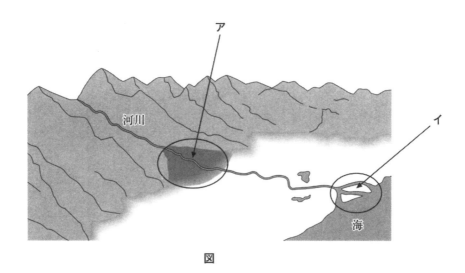

図

	【ア】		【イ】	
	主な地形	流水のはたらき	主な地形	流水のはたらき
①	三角州	浸食作用	扇状地	堆積作用
②	河岸段丘	堆積作用	三角州	浸食作用
③	扇状地	堆積作用	三角州	堆積作用
④	V字谷	運搬作業	扇状地	浸食作用

解答・解説

問1：②

　太陽からの放射エネルギーは、河川の水や海水を蒸発させて大気中に供給し、これが雲をつくって地上に雨や雪を降らせます。こうして地上に戻った水は再び河川や海に流入します。したがって、正解は②となります。

問2：②

　地球内部からのエネルギーがもとになって起こるさまざまな活動には、地震、地殻変動、火山活動などがあり、それらは地表の起伏を大きくします。一方、太陽からの放射エネルギーによりもたらされるさまざまなはたらきには、大気の循環とそれにともなう気象、風化や流水の作用があり、地表の起伏を小さくします。したがって、②が正解となります。

問3：③

　溶岩ドームは火山活動、山脈や海溝は地殻変動によってつくられる地形です。これらは地球内部のエネルギーがもとになっています。扇状地は、太陽からの放射エネルギーによる流水の作用によってつくられる地形ですから、正解は③となります。

問4：④

　①、②、③はいずれも気象や流水の作用によるもので、太陽からの放射エネルギーによりもたらされるはたらきによる地形といえます。カルデラは火山活動による地形ですから、正解は④となります。

問5：③

　扇状地とは、河川が山地から平野や盆地に移る所などに見られる、土砂などが山側を頂点として扇状に堆積した地形のことです。三角州とは、河川によって運ばれた土砂が河口付近に堆積することにより形成された地形です。したがって、③が正解となります。

B-2 身近な自然景観の変化

プレートについては、その厚さや重なりあっているプレートの数、またプレートの境界と日本付近のプレートについて理解しましょう。火山については火山の種類と火山フロントについて、そして地震については細かな内容までしっかりと押さえてください。

Hop | 重要事項

プレートの動きによる地表の変化

地球の表面は厚さ数十〜 200 km ほどの 10 数枚の岩石のかたい板（プレート）で覆われており、それが 1 年に数〜 10 cm というゆっくりした速さで移動しています。

プレートが運動することで、地震や火山などの地表の変化が引き起こされることを**プレートテクトニクス**といいます。

◉ プレートの境界

① 互いに離れていくような境界（拡大する境界）
プレートが新しく作られるところで、**海嶺**（かいれい）と呼ばれ、海底山脈を形成する。

中央海嶺

② 互いにすれ違うような境界（**トランスフォーム断層**）

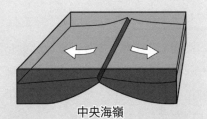

⇐ …プレートの運動の方向

トランスフォーム断層

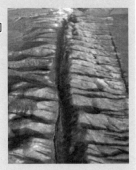

アメリカ東部の
サンアドレアス断層

③ 互いに近づいてくる境界（収束する境界）
プレートどうしが衝突しているところであり、**海溝**と呼ばれる細長い窪地ができる。

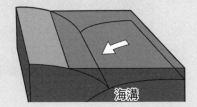

海溝

海溝とトラフ

　海溝もトラフも海底にあるプレートの沈み込みによりつくられた地形です。**海溝（日本海溝やマリアナ海溝）**は斜面が急な海底にある狭い溝のことで、水深 6000 m 以上のものをいいます。**トラフ（南海トラフなど）**は海溝よりも浅く、幅の広いものをいいます。

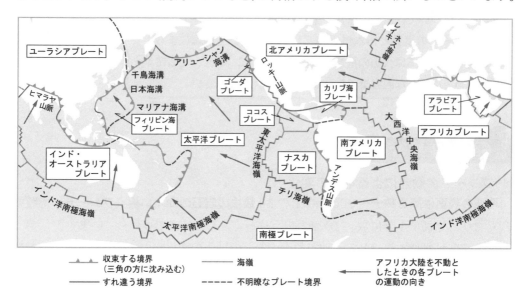

プレートの衝突

　海嶺で生まれたプレートは移動して、海溝に沈み込んだり、他のプレートと衝突したりします。プレートが生まれたり衝突したりする地域では地震や火山活動が盛んで、それによって火山帯・地震帯・造山帯と地表が激しく変動しています。

　山脈はおもにプレートどうしが衝突し、押し合う境界部に形成されます。岩盤が変形された結果、内部に**しゅう曲**と呼ばれる構造がみられます。

※しゅう曲（褶曲）とは、地層が波のように曲がりくねった構造をいいます。

火山による地表の変化

　火山とは、地下にできたマグマが地表に噴き出してきた山のことをいいます。

噴火と活火山

　火山は、地下深くにあるマントル上部の岩石が溶け（マグマ）、**地表から約 2 ～ 4km** くらいの場所まで上昇して**マグマ溜まり**をつくり、マグマの中の火山ガスの圧力の影響を受け、地上まで上がってきて**噴火**します。

　過去 1 万年以内に噴火したことがある火山のことを活火山といいます。**現在日本には 111 もの活火山**があり、世界の約 7 ％を占めています

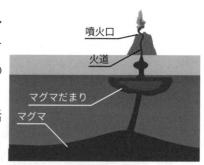

マグマの種類と火山の形状

　火山の形や噴火は、マグマの粘性やマグマに含まれる火山ガスにより異なり、大きく3つに区分されます。平べったい山（なだらかな山）の**楯状火山**、丸く盛り上がった形の**溶岩円頂丘**（溶岩ドーム）、きれいな三角形の形をした**成層火山**となります。

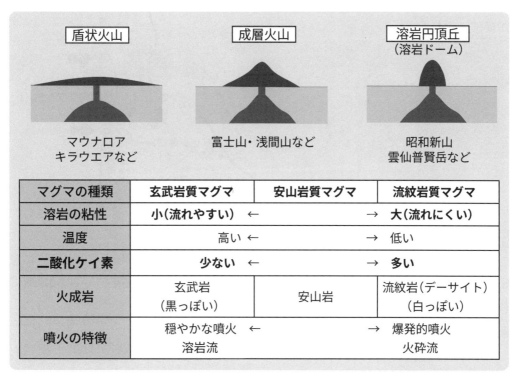

盾状火山	成層火山	溶岩円頂丘（溶岩ドーム）
マウナロア キラウエアなど	富士山・浅間山など	昭和新山 雲仙普賢岳など

マグマの種類	玄武岩質マグマ	安山岩質マグマ	流紋岩質マグマ
溶岩の粘性	小(流れやすい)　←		→　大(流れにくい)
温度	高い ←		→ 低い
二酸化ケイ素	少ない　←		→　多い
火成岩	玄武岩（黒っぽい）	安山岩	流紋岩(デーサイト)（白っぽい）
噴火の特徴	穏やかな噴火　←　溶岩流		→　爆発的噴火　火砕流

※二酸化ケイ素はガラスなどに利用される物質で、その二酸化ケイ素のマグマに含まれる含有量により多いとドロドロした流れにくいマグマとなり、少ないと流れやすいサラサラのマグマとなります。

カルデラ

　カルデラとは、火山の噴火によってできた丸く大きくくぼんだ凹地のことをいいます。凹地のところに水が溜まってできた湖をカルデラ湖といいます。

　有名なカルデラは阿蘇カルデラ、カルデラ湖では富士山の周りにある富士五湖（河口湖、山中湖、西湖、本栖湖、精進湖）などがあります。

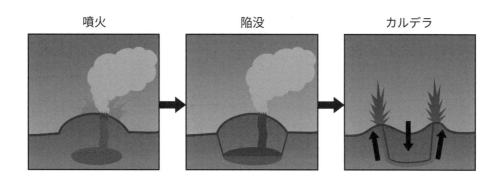

噴火	陥没	カルデラ

海溝やトラフとの火山分布

　火山は、**海溝やトラフと平行に分布**しており、海溝側の境界を結ぶ線を火山フロントといいます。

　日本周辺には千島海溝・日本海溝・伊豆小笠原海溝という海溝や相模トラフ・南海トラフといったトラフが存在します。

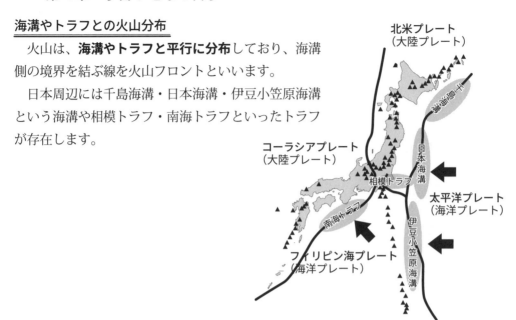

🔦 地震による地表の変化

　地震はプレートの動きや火山活動などの力によって地下で岩石が破壊されるときに発生する急激な地殻変動の一つです。**プレートの境界付近**で起こる地震と内陸の**活断層**で起こる地震があります。

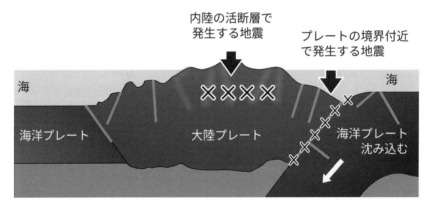

地震の大きさ

- **マグニチュード** …… 地震のエネルギーの大きさ（規模）を表す指標で、**マグニチュードは1増えると地震のエネルギーが32倍になり**、2増えるとエネルギー（規模）は約1000倍となる。

- **震度** …… 各地域での地震の揺れの強さのことを表しており、日本では気象庁が**0から7までの10段階**（0、1、2、3、4、5弱、5強、6弱、6強、7）に分けている。

マグニチュードと震度の関係

マグニチュードが大きな地震でも震源からの距離が非常に遠いとあまり地面は揺れず、震度は小さくなります。逆にマグニチュードは小さくても震源が近い場合、地面は大きく揺れ、震度は大きくなります。

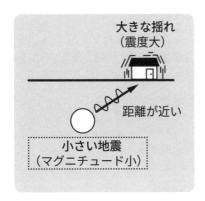
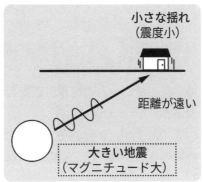

◉ 巨大地震が起こるしくみ

① プレートが別のプレートの下に沈み込む

② 上側のプレートが沈み込むプレートに引きずられ変形、岩盤に歪みが蓄積

③ 岩盤が跳ね上がり、巨大地震と津波の発生

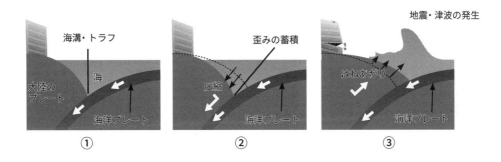

地震の伝わり方

地震発生時、最初は小さな揺れがあり、続けて大きな揺れが起こります。

最初に起こる小さな揺れを**初期微動（P波）**といい、続けて起こる大きな揺れを**主要動（S波）**といいます。初期微動を起こすP波は主要動のS波より速く伝わります。初期微動（P波）の「P」は「primary」（最初の）という意味で、主要動（S波）は「secondary」（二次的な）という意味からきています。この違いを利用して地震警報を出す**緊急地震速報**があります。

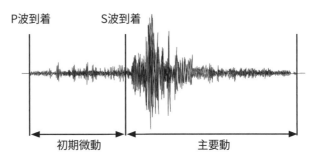

Step｜基礎問題

■ 各問の空欄に当てはまる語句を答えなさい。

問1　火山の噴火によってできた丸く大きくくぼんだ凹地を（　　　　　）という。

問2　日本には現在（　　　　　）もの活火山があり世界の約7%を占めている。

問3　地震は、プレートの境界付近で起こる地震と内陸の（　　　　）で起こる地震がある。

問4　地震の揺れの強さを、日本では0から7までの（　　　　）段階に分けている。

問5　（　　　　　）は地下で生じた振動が地上に伝わり、地面を揺らす現象である。

問6　地震の揺れの程度は（　　　　）で示される。

問7　マグニチュード（M）は地震の（　　　　）の大きさをあらわす。

問8　プレートが他のプレートの下に沈み込むところでは（　　　　）が起こりやすい。

問9　地震において本震のあとに起こる地震を（　　　　）という。

問10　玄武岩質マグマは（　　　　）を含む割合が低く、流紋岩質マグマはその割合が高い。

問11　粘性の大きな溶岩を噴出する火山の形は（　　　　）である。

解 答

問1：カルデラ　問2：111　問3：活断層　問4：10　問5：地震　問6：震度

問7：規模　問8：巨大地震　問9：余震　問10：二酸化ケイ素　問11：溶岩円墳丘（溶岩ドーム）

問 12　浅間山のように安山岩でできた火山の形は（　　　　）である。

問 13　地球の表面を覆う厚さ数十〜 200km ほどの 10 数枚の板状の硬い岩石の層を（　　　　）という。

問 14　プレートどうしが互いに離れていくような境界は（　　　　）と呼ばれる。

問 15　大陸プレートと海洋プレートが衝突しているところにできる細長い窪地を（　　　　）という。

問 16　プレートどうしが衝突している付近には造山帯、火山帯、（　　　　）などがある。

問 17　地表面は何枚かのプレートに覆われていて、そのプレートの移動によって様々な現象を説明するものを（　　　　）という。

問 18　地震発生時、最初に起こる小さな揺れを（　　　　）という。

問 19　最初に起こる小さな揺れののち、続けて起こる大きな揺れを（　　　　）という。

問 20　地震発生時、最初に起こる小さな揺れと、その後に起こる大きな揺れの違いを利用して地震警報を出す（　　　　）がある。

 答

問 12：成層火山　問 13：プレート　問 14：海嶺　問 15：海溝　問 16：地震帯　問 17：プレートテクトニクス　問 18：初期微動（ P 波）　問 19：主要動（ S 波）　問 20：緊急地震速報

■ 次の各問いを読み、問 1 ～ 5 に答えよ。

問 1　地球の表面を覆うプレートに関する記述として**誤っているもの**を、次の①～④のうちから一つ選べ。〈高認 H. 28-1・改〉

　　　① 地球の表面は、10 数枚のプレートで覆われている。

　　　② 地球の表面を覆うプレートの厚さは、数 10 ～ 200km である。

　　　③ プレートは地球上を動くことがないので、火山活動や地震は限られた場所でしかおきない。

　　　④ プレート境界付近では、多くの火山活動や地震がおきる。

問 2　地震のゆれの大きさを表す震度階級と、規模あるいはエネルギーを表すマグニチュードに関する組合せとして正しいものを、次の①～④のうちから一つ選べ。

〈高認 H. 28-2・改〉

	震度階級	マグニチュード
①	0 から 7 の 8 階級に区分	1 大きくなるとエネルギーは約 2 倍
②	0 から 7 の 10 階級に区分	1 大きくなるとエネルギーは約 32 倍
③	0 から 10 の 11 階級に区分	1 大きくなるとエネルギーは約 2 倍
④	0 から 10 の 10 階級に区分	1 大きくなるとエネルギーは約 100 倍

問 3　富士山やマウナ・ケア山のような火山が噴火するとき、火山噴出物が地表に放出される。火山噴出物として**適切でないもの**を、次の①～④のうちから一つ選べ。

〈高認 H. 29-1・改〉

　　　① 水蒸気　　　② 石灰岩　　　③ 火山灰　　　④ 溶岩

問4　日本列島での火山の分布を示した海溝側の境界線（図中の ---）を火山前線（火山フロント）という。この火山前線を示したものとして最も適切なものを、次の①〜④のうちから一つ選べ。〈高認 H.28-1・改〉

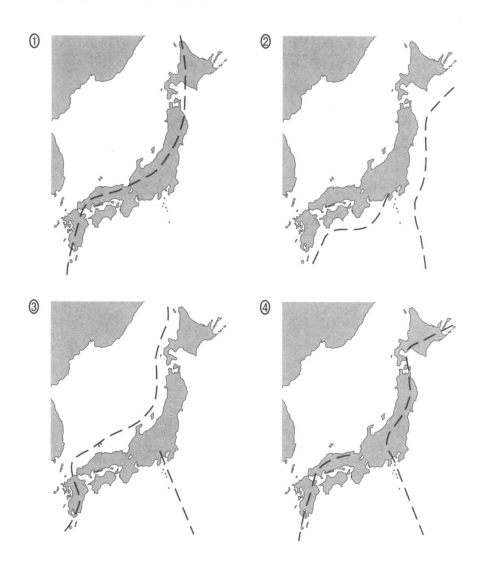

問5　　日本付近で発生した地震の震源の分布を模式的に表した断面図として最も適切
　　　なものを、次の①〜④のうちから一つ選べ。〈高認 H. 28-1・改〉

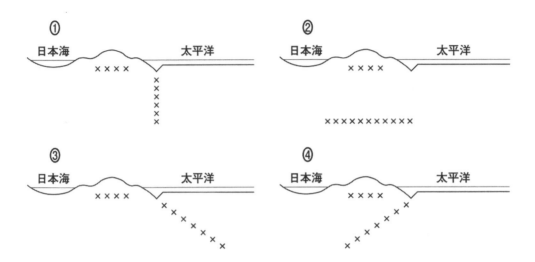

解答・解説

問１：③

　地球の表面を覆うプレートはゆっくりと動いています。したがって、正解は③となります。

問２：②

　震度階級は０から７の 10 階級（震度５と震度６については強弱で階級が分かれる）に区分されています。また、マグニチュードは１大きくなると地震によるエネルギーは約 32 倍になります。したがって、正解は②となります。

問３：②

　石灰岩は堆積岩の一種で、火山噴出物が堆積したものではありません。したがって、正解は②となります。

問４：④

　マグマが発生するのは、海溝から沈み込んだプレートがある一定の深さに到達した場所であり、それより海溝に近い場所ではマグマは発生しません。マグマは発生した場所から浮力によってほぼ真上に上昇し火山を形成するので、必然的に火山は海溝から一定の距離だけ離れた位置に、海溝に平行に分布することになります。したがって、正解は④となります。

問５：④

　日本付近での地震は、大陸側における活断層と海洋側のプレートが大陸側のプレートの下に沈み込む、その境界にそって地震の震源が分布しています。したがって、正解は④となります。

B-3 自然災害

自然災害の単元では、地震や火山噴火、また台風や大雨などから起こる災害について、どのようなものがあるのかなどを中心に押さえるようにしましょう！

Hop ｜ 重要事項

地震による災害

　地震には、プレートの境界付近で起きる地震と内陸の活断層で起きる地震があります。**地震の規模が大きいのはプレートの境界付近**で起きる地震です。

◉ 日本で起こった巨大地震

・東日本大震災（2011 年 3 月 11 日）　M 9.0
　M 8.0 クラスの震源域がいくつも連なった巨大なもので、津波による甚大な被害をもたらした。
・阪神淡路大震災（1995 年 1 月 17 日）　M 7.3
　内陸の活断層による地震はプレートの境界のように規模は大きくならないが、直下型で震源が浅いところで発生したため
　大きな被害を出した。
・昭和南海地震（1946 年 12 月 21 日）
　M 8.0
・関東大震災（1923 年 9 月 1 日）
　M 7.9

津波

プレートが沈み込む場所で大地震が発生すると、海底の岩盤が跳ね上がって海水を広範囲に持ち上げ、それをきっかけに巨大な波が発生し沿岸に到達したものを**津波**といいます。**津波は沖合では早く進みますが、海岸に近づくと速度は遅くなり波が高くなります。**

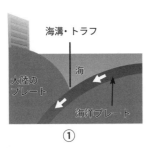
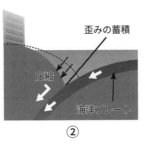
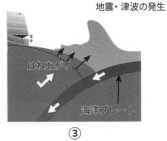

液状化現象

液状化現象とは、地震により地面が強く揺れると**地盤が液体状になる現象**をいいます。特に埋立地などは液状化が発生しやすい場所となります。

液状化が生じると、水や砂の吹き上げ、**住宅の沈下や傾斜**、道路の変形など、生活にさまざまな影響を及ぼします。

液状化で倒壊したマンション

🔦 流水による災害

台風や梅雨の時期で雨が降り続いている時や、大雨や集中豪雨、または地震が発生したあとの長雨などを原因としてよく起きるのが土砂災害です。

⬤ 土砂崩れ …… 急斜面の土砂がゆるみ、一気に崩れ落ちる。
⬤ 土石流　 …… 泥や岩が水を大量に含み流れ出す。
⬤ 地すべり …… 山腹や斜面を構成する土地の一部が緩やかにすべり落ちる。
⬤ 洪水 …… 平地において河川の氾濫が起こる。

崖くずれ　　土石流

地すべり

次ページの表にあげる現象がみられた場合は、土砂災害がいつ起きてもおかしくないので、早めに安全な場所へ避難する必要があります。

《 流水災害と特徴 》

土石流	・山鳴りや泥臭いにおいがする ・石のぶつかり合う音が聞こえる ・川の水が急に濁る。流木が流れてくる
地すべり	・山腹などのひび割れ、段差、木が傾くなど ・地鳴りや、地面が揺れる ・斜面や地面から水が吹き出す、沢の水などが濁るなど
土砂崩れ	・斜面にひび割れがで、音がする ・小石がパラパラと落ちてくる ・水が噴き出たり、地鳴りがしたりする

火山活動による災害

　噴火の際、火口から噴出される溶岩・火山ガス（**水蒸気と二酸化炭素**）・火山砕せつ物（火山弾・火山灰）を**火山噴出物**といいます。

溶岩流

　マグマそのものが火口から流れてくるものをいいます。緩やかに流れてきますが、その先に道路や建物があれば被害を受けます。

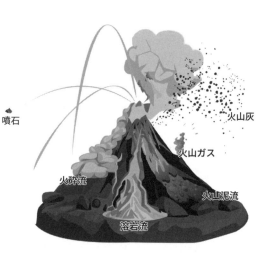

噴石

火山灰

火山ガス

火砕流

火山泥流

溶岩流

火砕流

　火山砕せつ物と火山ガスが混ざり、高速で山の斜面を下ります。火砕流が通過したところはすべて焼失し、膨大な灰で埋められます。

火山泥流・土石流

　火山活動の活性化によって起こります。斜面に積もった火山灰などが雨によって泥流となります。

　火山噴出物が川をせき止めて決壊したり、大雨や頂上の雪氷が溶けたりなど、いろいろな原因が考えられます。特に大雨による土石流は大きな災害をもたらすことがあります。

その他の気象災害

台風

　熱帯の海上で発生した低気圧（**熱帯低気圧**）のうち、北西太平洋または南シナ海に存在し、**最大風速（10分間平均）が17.2m/s以上**となったものを**台風**といいます。

　台風は、太平洋高気圧や偏西風などの影響を受け、季節によって進路が少しずつことなります。**台風の発生は8月と9月が最も多く、**7月や10月も多く発生します。

　また気圧が下がることにより、海面が吸い上げられ、水位の上昇と波が高くなることによる**高潮被害**を受けることがあります。

突風（竜巻・ダウンバースト）

　積乱雲から**強い上昇気流**によって発生する激しい渦巻を**竜巻**といいます。また、積乱雲から爆発的に**吹き降ろす気流**及びこれが地表に衝突して吹き出す破壊的な気流を**ダウンバースト**といい、航空機の離着陸に大きな影響を与え、時には重大事故につながる場合があります。

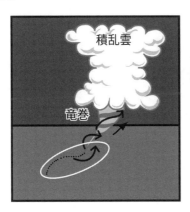

落雷

　雷は大気中で起こる放電現象で、雲と地上の間で発生する放電を落雷といい、大量の電流が瞬時に流れるため死亡事故になることもあります。

💡 災害から身を守る

ハザードマップ

　ハザードマップとは自然災害による被害を予測し、その被害範囲を地図化したものです。災害から身を守るためには、ハザードマップを利用して安全な避難経路などを確認しておくことなどが重要です。

　ハザードマップは、各市町村や国土交通省で発行されています。役所で入手できるほか、インターネットでも公開されていますので、ぜひご自身の住まいのハザードマップを見てみてくださいね！

 基礎問題

( ) 問中（ ）問正解

■ 各問の空欄に当てはまる語句を答えなさい。

問 1 日本付近で接しているプレートはユーラシアプレート・北米プレート・太平洋プレート・（　　　　）の４枚がある。

問 2 雨による災害の一つで急斜面の土砂がゆるみ崩れ落ちるのは（　　　　）である。

問 3 雨による災害の一つで泥や岩が水を大量に含み流れだすのは（　　　　）である。

問 4 雨による災害の一つで山腹や斜面を構成する土地の一部がすべり落ちるのは（　　　　）である。

問 5 台風では暴風、大雨、（　　　　）に警戒が必要である。

問 6 （　　　　）は雲による放電現象で大量の電流が瞬時に流れるため死亡事故になることもある。

問 7 地震にはプレート境界付近で起きるものと内陸の（　　　　）で起きるものがある。

問 8 地震の規模が大きいのは（　　　　）付近で起きる地震である。

問 9 海洋プレートが沈み込みながら陸側のプレートをいっしょに引きずり込むと、岩盤の歪みが蓄積し、あるとき一気にずれて（　　　　）地震を引き起こす。

問 10 プレートが沈み込む場所で大地震が発生すると、海底の岩盤がはね上がって海水を広範囲に持ち上げ、（　　　　）が発生する。

解 答
問1：フィリピン海プレート　問2：土砂崩れ　問3：土石流　問4：地滑り　問5：高潮
問6：落雷　問7：活断層　問8：プレート境界　問9：巨大　問10：津波

問11　津波は沖合では速く進むが、海岸に近づくと速度が遅くなり波が（　　　　　）なる。

問12　地震の揺れで砂層が液体のように軟弱になる現象を（　　　　　）という。

問13　火山による災害のうち（　　　　　）はマグマそのものが火口から流れ下る。

問14　（　　　　　）は火山砕せつ物と火山ガスが混じり、高速で山の斜面を下る。

問15　火山活動の活性化により斜面に積もった火山灰などが雨によって（　　　　　）となる。

問16　（　　　　　）とは、自然災害による被害を予測し、その被害範囲を地図化したものである。

問17　積乱雲から爆発的に吹き降ろす気流を（　　　　　）という。

問18　熱帯低気圧のうち、最大風速（10分間平均）が 17.2m/s 以上となったものを（　　　　　）という。

問19　噴火の際、火口から噴出される火山ガスには水蒸気と（　　　　　）が含まれている。

問20　平地において河川の氾濫が起こることを（　　　　　）という。

答

問11：高く　問12：液状化現象　問13：溶岩流　問14：火砕流　問15：泥流

問16：ハザードマップ　問17：ダウンバースト　問18：台風　問19：二酸化炭素　問20：洪水

Jump | レベルアップ問題

■ 次の各問いを読み、問1〜6に答えよ。

問1　日本付近では、いくつかのプレートが接している。日本付近で接している主なプレートは何枚と考えられているか。最も適切なものを、次の①〜④のうちから一つ選べ。〈高認 H. 28-1・改〉

① 2枚　　　② 4枚　　　③ 8枚　　　④ 16枚

問2　地震に関する文として**適切でないもの**を、次の①〜④のうちから一つ選べ。

〈高認 H. 28-2・改〉

① 日本付近で発生する巨大な地震は、プレート境界周辺で起きるものが多い。

② 日本付近で発生する地震は、押す力による岩盤の破断のみで、引っ張る力による岩盤の破断によるものはない。

③ 海底で規模の大きな地震が発生すると、広範囲に海面が持ち上げられ、津波が発生する。

④ 緊急地震速報は、震源からの初期微動を起こす地震波と大きな揺れを起こす地震波の伝わる速度の違いを利用して、いち早く警報を出すシステムである。

問3　次の文章は、火山噴火に関するものである。文中の　A　〜　C　に入る語句の組合せとして正しいものを、一つ選べ。〈高認 H. 28-2・改〉

> 火山噴火により、火口から噴出する火山砕せつ物が　A　と混ざって高速で斜面を流れ下る　B　が発生することがある。また、付近に堆積した火山砕せつ物や山体崩壊した土砂が河川をせき止めることで、泥流や　C　が発生し、二次的な被害をもたらすことがある。

	A	B	C
①	火山ガス	土石流	火砕流
②	水	土石流	溶岩流
③	火山ガス	火砕流	土石流
④	水	火砕流	溶岩流

問 4　山間部で集中豪雨のような大量の雨が降ると、大量の水が谷底に堆積している土砂や岩石を巻き込んで流れ下り、大きな被害をもたらすことがある。この自然災害の名称として正しいものを、次の①〜④のうちから一つ選べ。〈高認 R. 3-2・改〉

    ① 火砕流　　　② 液状化　　　③ 土石流　　　④ 津波

問 5　台風に関し、日本に接近してくる台風に関する説明文として適切なものを、次の①〜④のうちから一つ選べ。〈高認 R. 4-1・改〉

    ① 南半球中緯度付近で発生し、貿易風の影響で日本付近に流されてくる。

    ② 台風は強い雨と激しい風による被害のみならず、沿岸部においては高潮による被害を発生させることがある。

    ③ 台風が一年間でもっとも多く発生するのは 4 月である。

    ④ 台風は上陸しなければ、日本列島に大雨を降らせることはない。

問 6　日本列島では、地震や火山によるさまざまな災害を被ることがある。過去の災害や最新の研究成果をもとに、災害を予測した地図の名称として正しいものを、次の①〜④のうちから一つ選べ。〈高認 H. 28-1・改〉

    ① ハザードマップ

    ② データマップ

    ③ ルートマップ

    ④ ウェブマップ

解答・解説

問1：②

日本付近で接しているプレートは、ユーラシアプレート、北アメリカプレート、フィリピン海プレート、太平洋プレートの４枚です。したがって、②が正解となります。

問2：②

地球の表層はプレートと呼ばれる硬い板のような岩盤でできており、そのプレートは移動し、プレート同士で押し合いを続けています。そのため、プレート内部やプレート間の境界部には、力が加わり歪みが蓄積していますが、岩盤内で蓄積されるこの力は、押し合う力だけではなく、引っ張り合う力や、すれ違う力など様々な向きのものが存在し、それによって断層のずれる方向が変わります。したがって、正解は②となります。

問3：③

火砕流は火口から噴出する火山砕せつ物が火山ガスと混ざって高速で斜面を流れ下る現象です。また、付近に堆積した火山砕せつ物や山体崩壊した土砂が河川をせき止めることで、泥流や土石流が発生します。したがって、正解は③となります。

問4：③

山間部で大雨が降ると、大量の水が谷底に堆積している土砂や岩石を巻き込んで流れ下り、大きな被害をもたらすことがあります。これは土石流といいます。①は火山の噴火などの火山活動、②と④は地震を原因として発生する被害です。したがって、正解は③となります。

問5：②

日本に接近してくる台風の多くは、赤道付近の熱帯の海上で発生し、偏西風の影響で太平洋高気圧の周りを日本列島の西から東へと流れていきます。また台風が最も発生しやすいのは夏から秋にかけてとなり、日本列島に上陸しなくても前線を押し上げ、大雨などの災害をもたらします。したがって、正解は②となります。

問6：①

過去の災害や最新の研究成果をもとに、災害を予測した地図のことをハザードマップと言います。したがって，正解は①となります。

高卒認定ワークブック　新課程対応版
科学と人間生活

2024 年　5 月 17 日　初版　　第 1 刷発行
2024 年　9 月 26 日　　　　　第 2 刷発行

編　集：J-出版編集部
制　作：J-出版編集部
発　行：J-出版
　　　　〒 112-0002 東京都文京区小石川 2-3-4 第一川田ビル　TEL 03-5800-0552
　　　　J-出版.Net　http://www.j-publish.net/

本書の一部または全部について、個人で使用する以外、許可なく転載または複製することを禁じます。
この本についてのご質問・ご要望は次のところへお願いいたします。
＊企画・編集内容に関することは、J-出版編集部（03-5800-0522）
＊在庫・不良品（乱丁・落丁等）に関することは、J-出版（03-5800-0552）
＊定価はカバーに記載してあります。

ISBN978-4-909326-89-8　　C7300　　Printed in Japan